요즘 마흔

옛날 마흔이 아니라지만
마흔 앓이를 겪고 있는 당신에게

요즘 마흔

나용주 지음

레인북

/////////////////

°마흔이 되면 나는 어떤 사람이 되어 있을까?

이런 질문을 던져본 적 없다. 회사와 가정에서 크고 작은 일에 계획을 세우고 지켜내는 사람이지만 인생에 대한 거창한 계획은 별로 없었고 지금도 없다. 40이란 숫자는 별다를 것 없다고 생각했었다. 바쁜 일상을 살다 보면 해마다 자연스럽게 먹게 되는 나이 따위에 큰 의미를 두지 않았다. 대책 없는 삶을 살아온 사람이다. 누군가는 경제적 자유를 꿈꾸고 그걸 실현하기 위해 재테크에 몰입한다. 꿈이 있어 회사에서 열심히 일하던지, 아니면 자기 회사를 차려 쉽지 않은 도전을 하는 사람도 있다. 그런 것에 비하면 나야말로 평범한 삶의 연속을 매 순간 쌓아왔다. 그러니 마흔을 관통하는 시간에 대한 책을 내자는 제안을 받았을 때, 40대라는 시간을 어떻게 지나왔는지 하나하나 짚어볼 기회를 얻게 되었다. 어떤 사람이 되고 싶다는 이상향을 그려두지 않았다고 인생이 무의미하다거나 쓸모없는 시간으로 채워온 것은 아니라고 항변한다. '절대 실패하지 않는 계획은 무계획'(영화 기생충에서)이라는 역설적인 말장난을 하려는 뜻은 없다. 마흔을 지나면서 크게 깨달은 점 하나는, 설령 계획이 완벽하다 해도 시대와 상황이 받쳐주지 않는다면 마치 아무것도 이루지 못한 것처럼 보일 수도 있다는 것이었다. 그런 현실에 좌절하고 낙담한 적 있지만, 지나친 전략과 계획으로 감정을 소모하고 지치기보다는 열린 결말로 사는 삶도 그 자체로 가치가 있음을 알아가고 있다. 마흔이 넘어 오십을 다해 가는데도 인생이란 학교의 수업은 끝이 없기 때문이다.

°내가 만들 수 없다면 내가 이해한 것이 아니다

철학자 비트겐슈타인은 "내가 사용하는 언어의 한계가 내가 사는 세상의 한계를 규정한다"라고 했다. 흔히 아는 만큼 보인다는 것과 비슷한 뜻이리라. 강원국 작가는 한 매체에 기고한 글에서 "어휘로 표현할 수 있는 것까지가 아는 것이다. 표현하지 못하면 모르는 것이다. 그러니 어휘력이 빈약하면 사고력이 빈곤해질 수밖에 없다"라고도 했다. 철학적 사유를 차치하더라도 흔히 어른들이 '너도 나이 들어 봐라, 그래야 안다'라고 하는 말의 의미를 이제야 알아낼 수 있는 시기에 들어섰다. 그깟 나이가 그리 대단하냐 생각하기 쉽지만, 살아온 날들의 누적은 묘한 가르침을 준다.

유명한 물리학자 리처드 파인만이 말한, "내가 만들 수 없다면 내가 이해한 것이 아니다(What I cannot create, I do not understand)"라는 표현은 과학적 서사에만 그치지 않는다. 경험은 사유를 낳고, 사유는 삶을 돌아보게 만든다. 경험하고 이해해야 비로소 글쓰기라는 진정한 창작이 가능해지는 것이다.

> 언어는 결국 표현의 수단이지만 그런 역할로만 한정할 수 없다. 생각하고 감정을 느끼게 만드는 전제조건이다. 내가 무슨 생각을 하는지, 어떤 감정을 느끼는지 인지할 수 있으려면 언어의 힘을 빌려와야 한다. (『공감필법』 유시민)

그러므로 이 책은 사회와 가정에서 가장 바쁘고 벅찬 나날을 보낸 40대의 관점에서 기록한 특별한 일상이면서, 또래와 인생 선배가 격하게 공감할 보편타당한 사실일 것이다. 직접 거치지 못하면 표현할 수 없는 한정판이자 뻔한 스토리의 변주이다. 한 번 사는 인생, 유세 좀 떨어보고 싶어진다. 나의 방식으로 해석한 경험과 세계를, 나만의 언어로 풀어 내놓은 이야기가 당신의 세계와 크게 다르지 않다고, 그래서 우리 서로 공감하고 이해해보자는 의미로 용기 내어 손을 내밀어보기로 한 것이다. 아직 마흔의 문턱을 넘지 않은 인생의 후배들에겐 읽어두면 예방주사처럼 작동하기를 바라는 욕심도 가져본다. 그래서 아주 솔직하게 썼다. 출판물이라는 하나의 완성품이 만들어질 때는 지나친 솔직함이 독이 되지는 않을까 걱정하는 편이다. 활자화되는 순간, 나만의 것이 아니라 공공재의 성격을 띠는 까닭이다. 글쓴

이의 모자람을 만천하에 드러내는 것에는 꽤 많은 용기가 필요했다. 그렇지만 솔직하게 써야 내 언어의 파장이 독자들의 마음에 공명을 일으킬 수 있다는 믿음이 있다. 부디 독자 여러분들이 나의 언어들 속에 담긴 마음에 공감해주길 바란다.

나용주 씀

3장 마혼, 가족 그리고 일상

4장 마혼, 가치 있게 나이 드는 법

1장

마흔,
나이듦을
받아들일
용기

"물질적 부를 이루는 것은 살아가는 데 필요하지만
절대 선처럼 받아들여지는 것을 경계한다.
온전히 홀로 괜찮은 사람이 아름답다.
지금의 삶이 힘들고 서글픈 이유는 자꾸 순위를 매기고
남들과 비교하며 내 삶의 가치를 낮게 보는 까닭이다."

°마흔 중반, 미생

◇◇◇◇◇◇

오래전 회사를 함께 다녔던 존경하는 선배와 저녁을 먹었다. 지금 그는 대학교수로 잘 지내고 있다. 만나서 이야기를 하다 보니 퇴사한 지 벌써 10년이 되었다고 한다. 물리적 시간은 참말로 쏜살같다.

그러나 10년이란 시간의 상대적 빠르기가 체감되기 어려울 만큼 이야기는 즐거웠다. 술 한 잔 마시지 않고 서너 시간을 맛있는 식사와 커피, 수다로 채우다 돌아왔다. 수다의 내용은 과거의 선배들에서 시작해서 현재 우리의 모습까지 이어졌다. 그는 스스로 허세라고 말했지만 이야기를 하다 보면 스마트한 사람임을 금방 안다. 배울 것이 많아서 이야기하는 시간이 좋았다. 술을 하지 않는 나를 배려해줘서 고마웠다.

다음 날 아침, 화장실에 앉아 어제의 즐거운 기억을 다시 떠올리다가 문득 내 삶은 미생, 이런 생각이 들었다. 동명의 만화 제목으로 잘 알려진 미생이란 말은 원래 바둑 용어다. 완전히 죽은 돌이 아니라 살

아남을 가능성이 있는 여지, 기회가 오면 다시 살아나 오히려 완생이
될 수도 있는 것. 가능성을 담고 있지만 실현 여부는 알 수 없는 것. 만
화 미생에서는 사회에 적응하는 주인공의 삶을 바둑돌의 미생으로
표현했다. 불현듯 내 인생을 미생으로 판단한 것은 선배와 나의 사회
적 위치가 자연스럽게 비교된 까닭이다.

　인생을 살면서 비교하고 누군가를 부러워해본 적이 딱 한 번 있다.
애초에 남의 삶과 커리어에 관심이 없는 사람인 편이다. 그런 나도 20
여 년 전, 시기라는 것을 해보았다. 형이 남양주에 아파트를 마련했다
기에 구경을 갔다. 같이 집을 구경하며 나도 모르게 '부럽다……'라는
마음의 소리에 스스로 놀랐다. 그 당시 아직 대학원생 신분이고, 여
자 친구도 없고, 학위 과정 외에 모든 것이 불확실하던 나에 비해, 이
미 회사 생활을 하고 있고 결혼해서 아이도 있는데 이젠 집까지 마련
한 형의 모습이, 어쩌면 '완생'인 삶의 모델로 보였을 것이다. 그냥 무
난하게 하나씩 갖춰가는 형의 삶과 대조된 현실의 나를 부지불식간
에 비교해본 것은 아니었을까.

　선배와의 만남 이후에 가지는 미생의 감정은 형에게 가졌던 부러움
과는 결이 다르다. 회사 연구원이라는 커리어가 비슷했다가 삶의 방
향이 달라진 선배의 모습을 통해 바라본 나, 그리고 내 삶의 상황에
대한 일종의 회한 같은 것이다. 생각은 꼬리를 물고 퍼져 나가 마흔
중반을 넘어 후반으로 가는 상황에서 '여전히' 미생인지, '아직은' 미
생인지까지도 궁금해졌다.

'여전히'라고 하면 늘 그래 왔던 것 같고 앞으로도 그럴 것 같은 부정적 느낌이다.

'아직은', 이렇게 말하면 비록 지금은 아니더라도 언젠가 완생이 될 것이란 희망적 느낌이 있다.

한때 부러워했던 형처럼 이제는 나에게도 직장과 집, 가족이 있다. 이 정도면 완생에 이르렀나? 만약 과거로 돌아가 꿈과 불안이 공존했던 대학원생이었던 내게, 미래의 너는 적어도 마흔 정도 되면 잘살고 있다고, 불안을 거두고 마음을 놓으라고 말해주게 될까.

아니, 어쩌면 죽을 때까지 완생이 될 수 있을까? 바둑판에 놓인 돌의 운명이 어떻게 달라질지는 끝까지 가봐야 안다. 만약 중간에 포기하고 버리는 돌이 된다면 다른 곳에서 새로운 돌을 놓고 시작하면 될 뿐이다. 미생의 미덕은 열린 가능성에 있다. 그러니 미생의 삶을 안타까워하지 말고 묵묵히 주변을 일구어 나가야겠다. 아직은 백세 시대에 고작 중간쯤 온 것이기에.

°이 정도면 괜찮은 삶이다. 기죽지 말자

◇◇◇◇◇◇

'이만하면 괜찮은 리더 아닌가'

밑도 끝도 없이 떠오른 생각. '이만하면'이란 말이 뜻하는 것은 무엇인지, 괜찮은 리더란 또 어떤 사람인지 명쾌하게 정의 내리지도 않았건만 알 수 없는 자신감이 들었다. 이런 걸 근자감이라고 부른다지(근거 없는 자신감). 왜 그랬는지 찬찬히 생각하다가 나도 모르게 다른 사람과 비교하고 있는 중이었단 것을 깨달았다. 가끔 이렇게 자기만족에 취해보기도 해야 이 험난한 세상에서 버틸 수 있다.

이 정도면 괜찮게 살아가는 삶이지 않나 하는 근자감은 회사가 아니라 일상생활에도 묻어난다. 아니지. 근거가 있어서 자신 있다. 직업도 있고, 가족도 있고, 집도 있고, 차도 있고, 또…… 그래, 남들은 내지 못한 책도 한 권 낸 이력이 있고. 또 뭐더라. 곰곰이 다시 보니 삶을 정의하는 많은 내용 중에 정신적인 부분이 거의 없다. 돈, 차, 집. 이런 것들이 잣대가 된다. 자본주의 사회의 노예처럼 판단하는 기준들이 좀 거시기하다.

> "장밋빛 벽돌로 지은 예쁜 집을 봤어요. 창가에는 꽃이 있고, 지붕에는 비둘기가 있어요." 어른들에게 이렇게 말하면, 그 집이 어떤 집인지 상상하지도 못한다. "10만 프랑짜리 집을 봤어요." 이렇게 말하면 어른들은 그제야 고개를 끄덕인다. "정말 멋진 집이겠구나!"

『어린 왕자』에 나오는 어른들의 모습이다. 나라별 중산층의 정의가 다르다는 재미난 기사를 본 적 있다. 미국이나 영국은 자신의 주장에 대한 떳떳함, 사회 문제에 대한 관심과 정의 실현, 약자에 대한 도움, 페어플레이 등이 중산층의 기준이라고 대답했다. 우리나라는 어떤가. 부채 없는 아파트 30평 이상, 월 급여 500만 원 이상, 자동차 2,000CC급 이상, 잔고 1억 원 이상, 해외여행 연간 1회 이상……. 참 민망하기 그지없다.

사람들은 남들만큼 사는 것에 만족하기보다, 더 잘 살아야 한다며 상승의 욕구를 좇는다. 한국 사회에서 잘 산다는 말은 정신적 풍요가 아니라 물질적 풍요에 방점이 찍힌다. 더 나아가 직업에 매달려 돈 버는 삶이 아니라 부동산이나 투자 대박으로 편하게 사는 그런 것을 의미하게 되었다. 2021년 초만 해도 코인을 하지 않아 '벼락 거지'가 되었다는 웃픈 표현은 우리 사회의 가치를 그대로 드러내었다. 건전한 투자보다 일확천금을 노리는 것, 이른 나이에 은퇴를 하겠다는 FIRE

족의 등장. 지금의 상황에 만족하며 사는 나로서는 큰일 나는 것 아닌지 걱정이 앞선다.

그러니 이만하면 잘 산다고 믿어온 내가 얼마나 어리석은지 모르겠다. 남들은 어디선가 하나씩 월세 받으며 산다더라, 이런 얘기를 들으면 대체 그런 '남들'이 어디에 있는지 알고 싶다. 주변에서 그런 얘길 들을 때마다 마음이 편치 않다. 조급해진다. 서글퍼진다. 자존감이 내려간다. 제발 그런 분들은 자꾸 어디 카페에 자기 자랑 좀 안 써주면 좋겠다. 그래야 상대적 박탈감이라도 덜 느끼고 '이 정도의 삶'에 만족하며 살아가게 될 것 같다.

요즘 다시 독서를 시작했다. 자기 계발서도 틈틈이 보지만 예전과 달리 소설이나 다른 사람의 삶을 다룬 이야기, 사회적 문제에 관심이 더 간다. 나이가 들면서 물질적 고픔보다 정서적 고픔이 더 커진 까닭일까. 그런데 한가롭게 여유 부리고 있을 때가 아닌가 싶다. 그 시간에 경제서적, 투자서를 섭렵하고 부동산과 주식 유튜브를 봐야 하는데 말이다. 한창 수입이 있을 때가 투자의 적기인데, 이 사람아 정신 차리게 하는 소리를 들을 법하다. 정신적 성숙함이나 마음을 다스리는 것은 부차적인 일이 되어버린 현실이 서럽다.

물질적 부를 이루는 것은 살아가는 데 필요하지만 절대 선처럼 받아들여지는 것을 경계한다. 온전히 홀로 괜찮은 사람이 아름답다. 지금의 삶이 힘들고 서글픈 이유는 자꾸 순위를 매기고 남들과 비교하며 내 삶의 가치를 낮게 보는 까닭이다. 타인과의 비교를 통해 얻는 만족감은 결국 더 높은 곳에 있는 또 다른 누군가를 동경하게 만들 뿐이다. 난 아직 어린 왕자의 꿈을 꾸고 있는 게 아닌지 모르겠다.

°우울증 극복기

◇◇◇◇◇◇

우울증은 마음의 감기 같은 거예요

마흔여덟. 올해가 시작되고 이유를 알 수 없는 가라앉음과 무기력, 살아가는데 재미없음을 느끼고 있었다. 장거리 외근을 홀로 가던 어느 날, 운전대를 잡고 있던 중 바깥에 보이는 풍경을 보다가 잠시 위험한 생각이 머리를 스쳤다. 갑자기 찾아든 생각은 나를 긴장시켰다. 분명하지는 않지만 내 몸이 나에게 보내는 위험신호임을 직감했다. 마침 한 방송에서 들었던 '우울증은 마음의 감기'란 말이 떠올랐다. 숨기거나 모른 채 할 것이 아니라 병원을 찾으라는 출연자들의 말이 나를 일깨웠다. 용기를 얻어 휴게소에 차를 세워 당장 진찰 예약을 했다.

감기는 바깥에 있던 세균 등이 몸에 들어와 자라면서 숙주의 병을 일으킨다. 마음의 감기라고 하는 우울증의 원인을 바깥에서 찾아야 할까? 어떤 경우는 주변 환경이 우울 증세를 더 악화 또는 강화시킬 수도 있겠지만 어쩐지 내 케이스는 마음 안에서 시작되는 증상이라고 생각되었다. 예전에 비행기 안에서 공황 증세를 느낀 적도 있었기에 마음의 취약성을 잘 케어해줄 필요가 있었다.

우울의 반대말은 행복이 아니다

약 복용을 시작할 때 의사 선생님은 이걸 먹으면 행복해지는 것이 아니라고 했다. 대부분의 환자들은 우울했던 기분이 180도 달라지길 기대하는 상황이 많기 때문에 정확한 치료의 방향을 알려준 것이다. 대신 내면의 에너지를 끌어올리는 데 도움이 될 것이라 했다. 모호했다. 다른 병은 증세가 나아지는 것을 확실한 지표로 알 수 있는데 에너지라니, 어쩐지 책임감이 없는 말처럼 보였다. 그러나 선생님은 확신이 있었다.

"저는 원래 에너지가 막 넘치는 사람은 아니거든요. 이 약을 먹고 달라지는 걸 느낄 수 있을까요?"

"약의 효과는 본인이 제일 잘 아시게 될 겁니다."

약을 먹다가 끊으면 어떻게 될까 궁금했는데, 선생님 말씀으론 내게 처방하는 약은 중독 효과가 없으니 걱정 말라고 하였다. 우울증 약은 매우 많을 뿐 아니라 작용하는 데 다양한 기전이 있다. 내가 복용하는 것은 세로토닌 호르몬의 분해를 막는 것이다. 세로토닌은 신경전달 물질로, 분비가 적거나 빨리 분해되면 불안이나 짜증이 유발된다. 분해를 억제하면 처진 기분과 우울감의 개선을 기대하게 된다.

부작용이 있을 가능성, 처방한 약이 환자에게 맞지 않을 가능성 등을 열어두고 원래 처방의 반만큼 2주 동안 복용하기로 했다.

작디작은, 원래 크기의 고작 반알을 먹으면서 이게 정말 도움이 될까 의심스러웠다. 그런데 과연 약을 먹어보니 선생님이 말한 '에너지'의 회복이란 뜻을 이해할 수 있었다. 뭐랄까, 몸을 써야 하거나 일을 하는 데 있어 전에는 의식적으로 끌고 가는 나를 느낄 수 있었다면, 그런 의식의 강도가 줄어들어 한결 가볍게 행동으로 옮길 수 있게 되었다. 같은 상황에서 크게 마음 상하던 감정이, 그냥 넘어갈 수 있을 정도로 조금 더 여유로움을 갖는 것도 생겼다. 짜증이 줄어드니 가족과 주변에도 덜 미안하고, 미안할 일이 생기지 않으니 마음이 편안해져 좋았다. 회사 일에서는 의도하지 않은 부작용(?)도 있다. '회사 일이 다 그렇지 뭐'라는 무기력함을 핑계로 대충 넘어가던 부분에 오히려 예전만큼 짜증을 내는, 그러니까 무관심하고 정력적이지 않았던 일 처리의 태도가 달라지는 점이다.

나는 과연 극복했을까

채 한 달도 지나지 않았지만 약의 효과는 확실히 보았다. 달라진 점은 본인도 잘 알지만 아내가 무엇보다 빠르고 확실하게 느낀다. 오죽하면 계속 약 먹으면 안 되냐고 물어볼 정도이다. 하지만 선생님 말마따나 우울증 치료제를 먹음으로써 우리의 마음까지 행복해지는 것은 아니다. 세상이 갑자기 아름답게 보이거나 한껏 들뜬 마음으로 하루를 시작하지 않는다. 아침에 일어날 땐 여전히 힘들고 저녁엔 지친다. 그렇지만 분명 말할 수 있는 건 어느 정도 극복했다는 것이다.

직접 치료를 받아보니 긍정적인 면이 있다. 우울증의 원인을 마음속 어딘가에 있는 응어리나 불안처럼 보이지도 않고 불확실한 무엇으로 정의하지 않고, 약의 힘으로 제어 가능한 성격으로 구체화하는 것이 꽤 신선한 경험이었다. 어떤 현상을 정의하는 방향에 따라 해결 방법이 달라질 수 있음을 배웠다. 선생님은 약을 먹는다고 행복해지지 않는다고 했지만, 적어도 행복을 느낄 수 있는 순간을 찾아가는 데 분명히 도움이 된다고 생각한다. 무기력으로 놓치던 일상의 작고 소중한 순간을 인지하는 것, 사랑하는 사람들에게 짜증을 덜 내는 것만으로도 나의 삶은 달라지고 있기 때문이다. 그러니 혹시라도 우울한 감정 속에 괴로워하고 있다면 속는 셈 치고 병원 문을 두드려보길 권한다.

°잔디깎이 기계의 교훈

◇◇◇◇◇◇

회사 조경이 꽤 근사하다. 내 것은 아니지만 근무하는 근로자로서 나름 자부심을 느낀다. 푸르른 잔디밭이 펼쳐져 있기에 골프를 좋아하는 분들은 '여기서 퇴사 전에 한 번 드라이버 멋지게 날리고 떠나고 싶다!' 이런 농담을 하곤 한다. 이 푸른 잔디를 항상 보기 좋게 관리하기는 쉽지 않으니 조경 담당자가 매일 부지런히 손을 본다. 가꾸는 만큼, 손길 주는 만큼 아름다워지는 법이다.

건물 앞에는 비교적 작은 규모의 잔디밭이 있는데 이곳에서 거의 매일, 그것도 하루 종일 쉬지 않고 불평 없이 다니며 일하는 녀석이 있다. 자동으로 잔디를 깎아주는 기계다. 기능으로는 로봇 청소기를 떠올릴 법하다. 크기는 대략 커다란 캐리어 가방만 한데 바퀴가 달려 있어서 슬슬 돌아다니면서 잔디를 다듬는다. 시속 아니 초속 대략 20cm는 될까? 가만히 지켜보면 대체 잔디를 깎고 있기는 한 것인지 모를 정도로 작업의 티가 나지 않는 것 같기도 하다. 안 한 것보다는 효과와 차이가 있겠지 하고 생각한다. 부지런하지만 느긋하게 정해진 구역을 꼼꼼히 관리하는 모습에 이상하리만치 나는 묘한 끌림을 느끼곤 했다.

그렇다. 어찌 된 일인지 나는 이 녀석의 삶⒤에 부러움을 갖는 것이다. 생명도 없고 질투를 느낄만한 구석이라고는 1도 없는 단순한 기능의 기계에 어찌 사람이 되어서 부럽다는 마음이 드는지 낯설기만 했다. 처음엔 그러려니 했는데 매번 잔디밭 앞을 지나며 마주칠 때마다 '이런 삶도 나쁘지 않겠네'라는 생각이 들기에 일부러 시간을 내어 대체 왜 그런가 생각을 하고 해본다.

햇볕 쨍쨍한 더운 날에 귀찮아질 법도 한 잔디 관리를 묵묵히 수행하는 모습에 근면하지 못한 나를 반성하는 것도 아니요, 사람이 먹이는 전기 외엔 불평 없이 무보수로 일하는 이 친구의 어리석은 노동을 비난하고자 하는 것도 아니다. 글쎄 그러니까 어째서 이 단순한 기계의 운행을 부러움의 눈으로 생각하는 것이란 말인가.

'여유'라는 단어가 떠올랐다.

그리고 그 생각의 끝에는 가장으로, 아들로, 동생으로, 회사원으로, 연구자로, 작가로, 그리고 개인으로 세상을 살아가며 각각의 위치에서 저절로 생긴 의무와 역할을 가진 내가 겹쳐 보였다. 바라고 원한 것이 아니라 살다 보니 부여된 짐 말이다. 그러므로 저 무생물에 감히 감정이입이 된 것은 유유자적 앞뒤로 오가며 잔디와 교감하듯 누리는 여유로움! 세상 스트레스 없어 보이는 그 단순함! 현재 내가 가지지 못한 그것을 놀리기라도 하듯 눈앞을 지나가는 기계에게 못내 부러움이란 마음이 고개를 든 것이었다.

그뿐이랴. 요즘처럼 해야만 하는 것, 하지 않으면 안 될 것 같은 일들의 치임 속에서 중심을 잡기란 쉬운 일이 아니다. 알 게 뭐야, 남의 눈치 보며 살지 말아야지 싶다가도 잘하고 있는지 자꾸 확인하는 일상의 반복이다. 줏대 없이 흔들리는 마음을 다잡아볼 필요가 있다. 이런 지경에 이르자 주변의 시선 따위에 아랑곳하지 않고 조용히 책임을 다하는 잔디깎이 기계에 이제는 살짝 경외심마저 들려고 한다. 여기저기 한눈팔지 말고 너의 페이스대로 갈 길이나 가라는 교훈을 던진다. 바깥에서 보면 얼핏 둔탁해 뵈는 외형이지만 보이지 않는 곳에 연약한 잔디를 깎을 정도로 날카로운 칼날이 숨어 있듯, 외면보다는 내면을 깎고 다듬어보라고 조언한다.

잔디깎이 기계여, 네가 부럽기만 했는데 알고 보니 큰 가르침을 주었구나. 진심으로 고맙다.

°나이와 공정에 대한 단상

◇◇◇◇◇◇

나는 남의 나이에 참 관심이 없다. 모르는 사람을 만나면 도무지 그가 몇 살인지 궁금하지 않다. 한국식 인사의 기본이 이름과 나이를 말하는 것이지만 모르는 사람 앞에서(또는 안다고 해도) 내 나이를 밝혀야 하는 상황이 여전히 이해되지 않는다. 한두 살 차이로 형과 누나, 동생을 구분해야 하는 것은 불편하다. 나이가 어려 보인다거나 실제로 어리다고 해서 쉽게 대한 적 없다. 나이 어린 사람에게 반말로 하는 것도 선뜻 내키지 않는다. 그렇지만 한국식 사고가 깊게 배어 있는 탓인지 아니면 사회에 적응하면서 생긴 학습과 버릇인지 알 수 없으나 나보다 많아 보이면 공손함을 찾는 것은 어쩔 수 없다.

나이는 그저 숫자에 불과하다는 오래전 광고가 있었다. 따지고 보면 생물체가 태어난 이후부터 얼마나 오래된 것인지 연식을 표현하는 문명사회의 약속일뿐이다. 너 나이가 몇이냐는 질문은 그래서 폭력적이다. 대게 이런 질문은 불리할 때 나오는 것인 만큼 치사하다. 개인의 의지, 삶의 궤적과 경험, 상황의 유불리와는 아무 상관 없이 오로지 태어난 시점을 기준 삼아 계층과 계급을 구분하는 장치로 작동한다. 심지어 같은 해에 태어나도 몇 월생이냐로 세세하게 비교 우위를 점하려는 사람도 있다.

나이가 많다고 무조건 현명하지도, 더 바람직한 삶을 살지는 않는다. 어린 사람이기 때문에 항상 창의적이고 과거를 답습하지 않는 것도 아니었다. 나이가 어리면 평균적으로 어떤 경험을 해볼 기회가 별로 없기는 하다. 그러나 어릴 때부터 훨씬 다양한 경험을 하는 사람들도 많다. 그저 '평균적으로' 그럴 것이라는 추측이다. 오히려 나이를 알고 나서는 상대의 행동을 더욱 이해하기 어려운 경우가 더 많았다. 흔히 꼰대적 행위로 일컬어지는 것들, 라떼로 통칭되는 과거에 대한 이야기들이 나이라는 인자 때문만은 아니었다. 경험 상 나이가 들면 유연해지기보다는 자기 사고가 더 단단해지는 경향이 있어서, 사회적 통념과 무관하게 누군가의 사고 체계와 그에 따른 행동의 패턴을 강화할 수 있는 요인이 된다는 생각은 든다. 어쩐지 늙어가는 것에는 큰 기대감을 싣기 어렵다. 과거 우리 정치사에서 '40대 기수론' 같은 말이 괜히 나온 것이 아니다.

회사라는 사회로 생각을 좁혀보자. 나이 먹음과 경력, 경험은 분명히 구분되어야 하는 항목이다. "합리적인 이유 없이 정년 등을 앞둔 근로자들의 연령만을 기준으로 임금을 깎는 임금피크제는 고령자 고용법 위반에 해당해 무효라는 대법원 첫 판결이 나왔다." 2022년 5월

기사이다. 회사 입장에선 어릴 때 들어와서 오랫동안 일한 사람이기 때문에 높은 연봉을 지급해야 하는 것이 부담인 것은 이해할 수 있다. 그런데 나이가 많다고 연봉뿐 아니라 승진에도 영향이 있다면 어떨까? '합리적인 이유'라는 말이 모호한 해석의 여지가 있겠지만 연령만을 잣대로 조직 운영의 기준을 다시 세우는 행위는 역시, 어째 치사하기 그지없다.

누군가에겐 나보다 더 나이 많은 또는 적은 사람이 불편할 수 있겠다고 생각한다. 세상에는 상대의 나이 따위 관심도 없고 그저 그 사람의 역할과 할 일만 생각하는 나 같은 사람도 있듯이, 나보다 한 살이라도 더 많으면 우대해야 한다는 생각을 가진 사람도 있을 것이다. 그러니 누군가는 역설적으로 단지 나이가 좀 많다고, 본인의 의사와는 상관없이 먼저 태어나 밥 수백 공기 더 먹었다고 우대를 해줘야 한다는 것이 공정한 것인지 의문을 가질만하다. 예전에 자기보다 더 어린 사람이 팀장으로 온다는 말에 같이 일하던 후배들을 나 몰라라 버리듯이 팀을 옮겼던 선배가 있었다. 그때도 생각했다. 나이 먹는 게 다가 아니구나. 비겁하다.

얼마 전 〈손에 잡히는 경제〉라는 라디오 프로그램에서 들은 얘기가 있다. 먹고살 만해지면 사회가 공정을 논하기 시작한다는 것이었다. 듣고 보니 고개가 끄덕여졌다. 성장이 우선일 땐 조직 내 위계질서가 훨씬 중요하다. 나이를 비롯해서 위계와 지위로 찍어 누르던 시대를 거쳐야 한다. 공정의 미덕보다는 치열한 전장에서 승리를 위한 효율

성과 속도가 중요한 까닭이다. 그러다가 어느 정도 안정적인 성장 곡선을 유지하면 다른 고민에 빠진다. 다양한 방식의 조직문화 개선, 일하는 방식의 변화가 그것이다. 살아남기 위해선 가만히 있을 수 없다. 물론 공정과 형평을 고려하다가 회사기 망하는 것은 안 된다. 그렇지만 혹시라도 회사에서 변화의 바람을 일으키기 위해 나이라는 잣대를 기준으로 삼겠다는 발상은 득보다는 실이 더 많을 것이다. 다수가 납득할 만한 합리적인 이유가 있다면 모르겠지만 말이다.

°18년 차, 조직에서 밀려날 때?

◇◇◇◇◇◇

지금 일하는 회사에서 나의 위치는 중간의 중간 관리자급이다. 이런 어정쩡한 위치에 대해 부연 설명해보자면 다음과 같다. 연구조직의 구조는 연구원 – 연구소(사업부 및 성격에 따른 몇 개의 큰 집단) – 팀(연구소 아래 기능으로 구분된 소집단)으로 구성된다. 그리고 각각 원장/소장/팀장이 공식적인 관리자의 형태이다. 그러나 회사에서 공식적으로 인정하지는 않지만, 업무 효율성과 편의를 위해 팀장 아래에 실무를 챙기는 중간 관리자가 있다. 각 팀에는 일하는 성격에 따라 사람들을 모아서 파트라는 이름을 부여하고 그 파트에는(중간 관리자로서) 파트 리더를 둔다. 그게 바로 나의 위치이다. 보통 '중간 관리자'는 팀장이니 나는 중간의 중간이라고 부르는 게 맞다.

얼마 전 나와 같은 위치의 동료와 이야기하다가 최근 파트 리더 운영 방침 변화의 소문을 들었다. 이야기인즉슨 연구개발의 변화를 기치로 기존의 파트 리더들은 자리에서 내려오고 적당한 후임을 찾아파트 운영을 맡긴다는 얘기였다. 한참을 자리에 앉아 생각을 나누었다. 그러면서 마음속에는 복잡한 심경이 춤을 추기 시작했다.

첫 번째, 불안감

변화가 있어야 한다는 생각은 늘 했지만 그 대상이 내가 된다는 건 반갑지 않은 일이다. 애초에 이 자리가 동료들에 의한 선출직이 아닐 뿐더러 투표에 의해 권력의 유지를 지속하는 것도 아니므로 윗사람이 바꾼다고 하면 할 수 있는 대응은 없다. 받아들이는 것이 적합하다. 그렇다면 나는 왜 불안할까. 중간 관리자로 오랫동안 피플 매니징 중심의 일을 하면서 실험이라는 실무에서 손을 뗀 지 오래라는 것이 불안감의 가장 핵심적 실체일 것이다. 과연 다시 실험하고 결과를 얻는 작업을 잘할 수 있을까. 적당한 결과를 얻지 못하고 헤매는 건 아닐까. 이래라저래라하던 사람이 결국 자기 앞가림 하나 제대로 못 하는 처지였구만, 이런 시선을 걱정하고 있는 것이 아닐까 싶다.

두 번째, 경력 부정

변화라는 이유로 경력자의 경험을 무시받는 듯한 상황에 대한 불만이다. 좋게 말하면 경력, 소위 짬밥 같은 말로 대변되는 경험의 누적은 회사에서 일처리를 할 때 실제로 중요한 요소이다. 오랜 기간 함께 해온 사람들 사이의 네트워크는 당면한 과제를 처리하는 방식에 영향을 준다. 같은 업무라도 적당한 선에서 끊을 수 있고 협의를 통해 조직 간 갈등을 해소하여 업무에만 집중하게 만들 수 있다. 누구의 눈에는 많은 월급 받아 가며 실제 기여하는 바가 적다고 보기도 하겠지만 그래도 긴 시간 동안 알게 모르게 쌓고 체득한 노하우가 있다. 그걸 갑자기 부정당하는 느낌이 싫다. 이제는 경력조차 쓸모없어지는 인력이란 생각이 들면 사실 꽤 슬퍼진다. 잉여 인력이란 표현이 여기에 들어맞을까?

세 번째, 좌절감

이 작은 권력의 위치가 부여하는 부가적인 요소는 그나마 가능성 있는 승진 후보자의 마지노선이다. 여기에서 밀린다는 건 이제 회사가 필요로 하는 인재로서 가치를 상실한다는 뜻이다. 지나친 확대 해석 같지만 그게 현실이다. 내가 회사의 운영자라면 어떤 판단을 할까 반문해본다. 오랜 시간 조직에 기여한 사람을 꼭 관리자로 둘 이유나 명분이 반드시 존재하지는 않는다. 세상이 변하고 관리자나 리더의 역량과 능력이 달라진다. 적합한 사람을 자리에 배치하는 것은 조직 활성화에 매우 중요한 일이다. 세대론을 좋아하지는 않지만 내가 살아온 시대와 가치관과는 전혀 다른 사람들이 주요 고객이라면 그에 맞는 연구개발을 할 수 있는 리더가 있어야 한다. 그걸 이성적으로 아는 것과 감정적으로 느껴지는 일종의 패배감 사이의 괴리는 꽤 혼란스럽다.

'슬픔의 5단계'라는 것이 있다

부정-분노-타협-우울-수용으로 전개되는 이 반응은, 받아들일 수 없는 현실 인식이 어떻게 변화되어 가는지를 잘 보여준다. 나는 지금 어느 단계일까 생각해본다. 사실 그 자체만 놓고 보면 아직 일어나지 않은 이벤트이고 어떻게 될지 미래는 모른다. 카더라로 끝날 수도 있다.

하지만 이 일이 일어나거나 말거나 분명히 던지는 메시지가 있다. 이제는 '나의 시대가 끝나간다'는 것을 받아들이는 준비가 필요하다는 점이다. 회사를 오래 다니는 것의 미덕, 그 안에서 인정받고 싶은 욕구, 원하는 것을 이룰 수 없다는 현실 인식, 그걸 대하는 마음가짐에 대해 정리가 필요하다. 경력에 대한 존중과 배려가 중요하지만 조직의 변화를 위해 누군가의 역할이 영원할 수는 없다는 사실을 인정해야 한다. 글을 쓰면서 마음을 다잡아본다. 그리고 질문한다. 앞으로 어떻게 해야 할까, 어떤 미래를 준비하고 자리매김할 수 있을까.

°기록의 가치

<><><><>

지긋한 나이의 할아버지가 지하철 택배 일을 하는 내용이 방송에 나온 적 있다. 아내가 대뜸 지하철 택배라는 것이 있냐고 묻는다. 예전에 먼 곳에서 케이크를 주문하려고 알아보다가 발견한 적이 있어 얼추 알고는 있었다. 찾아보니 배송원이 지하철로 이동해서 물건을 받고, 역시 지하철로 배송지까지 전달해주는 일이라 한다. 발품 팔아 돈 버는 직업이다.

출연한 할아버지의 나이가 여든이 넘는다. 하루 2~3만 원의 수입에도 무척 행복하다는 그분의 말씀. 무엇보다 매일 블로그에 기록을 하신다니 열정과 노력이 대단하여 감탄하였다. 일부러 그의 블로그를 찾아가 보았다. 사진의 양도 엄청 많은데 매일 일이 끝나면 편집을 하고(포토샵까지!) 글을 쓴다고 하신다. 현재 3천3백 개 이상의 글이 있다. 족히 9년 이상의 기록이다.

2022년 한 해! 365일을 하루처럼 8,760시간을 한 시간처럼 보람 있게 보내자. '꼰대'란 말을 듣지 않도록 노년의 삶을 열심히 살자!

그의 삶이 우리네 일상과 큰 차이가 있는가? 아니었다. 같은 시간과 공간을 사는 평범한 이웃이다. 할아버지가 일하면서 방문한 곳, 배달을 위해 지나치면서 만나는 풍경, 계절의 바뀜에 대한 소회, 누구나 비슷하게 사는 삶의 흔적들은 말 그대로 평범한 하루일 뿐이다. 그렇다면 하루의 기록을 그렇게 치열하게 남긴 까닭은 무엇인가. 그 이유에 가슴 아프면서 공감이 되었다. 사업 실패로 온 기억상실 때문에 '잊지 않기 위해' 하루하루 일상의 기록을 남겨둔다는 것이다. 지금도 과거의 어느 순간은 여전히 기억에 없다 한다.

사람의 기억력이란 영원하지도, 단단하지도, 그리고 객관적이지도 않다. 때론 자기중심적으로 편하게 기억하는 일이 있다. 일부러 잊고 싶은 기억도 있고, 온전하게 처음부터 끝까지 잊고 싶지 않은 순간도 있다. 그 무엇이든 나이 들고 세월이 지나 희석되고 바래는 기억의 끝은 아쉽지만 당연하고 자연스러운 현상이다. 가물가물해지는 인생의 단편은 결국 하나의 점이 되겠지만 크기와 무관하게, 기억의 선명함과 상관없이 스스로 한 사람의 인생을 완성시켜주는 그림이기도 하다. 그러나 어떤 큰 사고, 정신적인 충격으로 인해 통째로 기억이 하루아침에 사라져버린다면 얼마나 고통스러울까 감히 상상조차 어렵다. 인생을 도둑맞는 것과 같을 것이다. 나의 의지를 따르지 않고, 자연의 섭리와 무관하게 잃어버린 기억의 조각이라면 얼마나 안타까운 일인가 말이다.

지긋한 연세에 부단한 노력의 결실을 쌓아가는 조용문 할아버지를 보며 한편으로 나의 글과 일상다반사의 평온한 삶을 다시 돌아보는 기회가 되었다. 아직은 이루고 싶은 것, 하고 싶은 것, 갖고 싶은 것이 더 많은 나이지만 언젠가 돌아보면 무릇 허무해져 있지 않을까? 이렇게 글을 통해 인생을 기록해나가는 행위의 가치란, 평범한 하루가 주는 감사함과 그걸 차마 깨닫지 못했던 자신에 대한 반성의 기회가 아닐까 싶어졌다.

°밋밋한 삶에 대한 소고

◇◇◇◇◇

〈나 혼자 산다〉라는 프로그램을 꽤 좋아했었다. 결혼은 그것대로 좋은 것이지만 싱글 라이프를 즐기는 사람들의 삶을 몰래 구경하는 것의 즐거움이 있었다. 출연이 기대되는 사람은 어찌 보면 마이너한 감성의 소유자들이었다. 예를 들면 옥탑방에서 살던 가수 육중완이나, 어딘가 쓸쓸해 보이는 배우 김광규나, 어떤 사람은 심지어 알지도 못하는 가수 김반장, 그리고 날 것 그대로를 보여주는 웹툰 작가 기안84의 것을 볼 때만 그러했다. 요즘 나혼산을 별로 즐기지 않게 된 것은, 멋진 한강 뷰를 자랑하는 아파트에서 여유롭게 일어나는 셀럽의 삶을 재미있게 바라볼 수 없게 된 이후이다.

인테리어 전시장처럼 잘 가꿔진 누군가의 삶을 쳐다보는 것에 느끼는 불편감은, 단지 내가 갖지 못한 것을 소유한 그들에게 보내는 부러움이나 동경의 시선 때문은 아니다. 그들이 그 자리에 오르기까지 좁은 집이나 숙소에서 부대끼며 살아온 날이 있을 것이다. 연예인치고 소위 금수저로 성공한 케이스는 별로 본 기억이 없다. 남들 모르는 어려웠던 과거가 있다. 그걸 감안한다고 해도 호화롭고 여유로운 삶에 느끼는 반감의 이유는 무엇일까? 소박한 이야기가 맘에 들어서였다. 누구나 같은 삶을 살아야 하는 이유가 없듯이 시청자인 나는 멋진 아이돌의 싱글 라이프엔 무덤덤했던 것이다.

이러한 것은 과거 〈유퀴즈〉가 코로나 이전에 거리에서 급히 섭외한 일반인들의 인터뷰를 통해 대본에도 없는 주변의 사람들을 찾아내는 것과도 비슷하다. 동네 구석구석을 다니며 우연히 만나는 할머니의 이야기, 은퇴한 아저씨의 이야기, 그리고 놀이터에서 뛰노는 아이들 이야기가 좋았다. 이제는 사전 섭외된 인물과 작가들의 각본이 충분히 반영된 뻔한 토크쇼가 되어버렸다. 가끔 일반인이 출연하기도 하고 명사나 유명인들이 의외의 모습을 보여야하는 재미가 있지만 내가 즐겨보던 과거의 그것과는 달라서 예전만큼 챙겨볼 팬심은 없어진 셈이다.

다른 결의 이야기지만 〈우리들의 블루스〉 드라마는 꼬박 챙겨보게 되었다. 제주도라는 한정된 지역의, 한두 다리만 건너면 그 집에 수저가 몇 개인지도 다 알고 지내는 작은 커뮤니티에서 벌어지는 평범한 일상의 이야기에 어째서 공감했을까. 연기력 좋은 배우들의 캐스팅은 극에 몰입할 수 있게 도와주는 덤이었을 뿐이다. 우리 주변에서 실제로 일어날 수 있는 일들이 내 마음에 공명을 일으켰기 때문이다. 때로는 주인공의 삶에 아파하고 공감했고, 때로는 관조하듯 내 삶을 잠시라도 반추해볼 수 있는 기회를 가졌기 때문에 그렇다.

하긴 모든 것이 자극적인 시대이다. 언젠가부터 누구나 쉽게 말하는 '혐오'라는 말이 정말이지 싫다. 싫다는 뜻을 가진 단어가 갈수록 수위를 높여가는 표현이 되고 있다. 극혐, 혐오가 흘러넘치는 이 시대가 안쓰럽고 답답하다. 그냥 싫다고 해도 될 것을 '미워하고 싫어하고 꺼리는' 표현으로 더 강하게 말하는 사회가 어째 위험하게 느껴진다. 언어 습관은 사고를 지배한다. 사람이 아닌 물건을 극존칭 하는 언어 생활은 당황스럽다. '커피 나오셨습니다'라는 말은 물질적 가치가 우선인 사회, 맹목적인 존칭의 쓰임이 남용되는 모습을 보여준다. 남과 다른 면을 '틀린' 것이라고 잘못 쓰는 것을 바로잡지 않으면, 그것은 말 그대로 틀린 것이 된다. 생각의 다름을 틀림이라고 받아들이기 시작하면 타협과 협의의 기회는 사라지고 만다. 편 가르고 내 편이 아니면 모두 적으로 만드는 이런 분위기를 걱정한다.

얼마 전 평양냉면을 먹었다. 슴슴하니 별 맛없는 것이 제맛이었다. 이걸 무슨 맛으로 먹나 싶으면서도 며칠 지나면 생각나는 그런 슴슴함, 덜 자극적인 하루가 좋다.

°밤하늘이 내게 가르쳐 준 것

◇◇◇◇◇◇

얼마 전 스페이스X가 발사되어 ISS(국제 우주 정거장)에 도킹하는 것을 보았다. 국가 주도의 우주 개발이 어느새 민간 우주 시대로 넘어갔다. 스페이스X의 로켓들이 회수될 때 마치 필름을 거꾸로 돌린 것처럼 멋지게 땅에 내려앉는 모습은 봐도 봐도 신기하다. 상상 속에서나 있을 법한 일이 현실이 되다니. 게다가 착륙 장면은 참으로 우아하다. 공학 기술은 진심 나를 놀라게 만든다.(나를 놀라게 하는 또 하나는 건축기술이다. 아무것도 없는 곳에 사람이 살 수 있게 하고, 차가 다닐 수 있도록 새로움을 창조해 내는 것에 경외감을 갖는다.) 이러다 정말 일론 머스크의 꿈처럼 화성에서 사는 인류가 탄생할지도 모를 일이다. 자신들의 사회를 건설하고 높디높은 건물을 뚝딱뚝딱 지어버리는, 그리고 멀리 우주로 신호를 보내 자신과 비슷한 존재를 찾고 있는 인간이란 생명체의 능력은 대체 어디가 한계인지.

내가 우주를 대하는 태도는 주로 호기심 가득한 아이의 시선이었다. 고등학생 시절 이해하지도 못하면서 과학동아를 열심히 구독했다. 특히 좋아하던 섹션은 우주여행, 상대성 이론과 관련된 것이었다. 상대성 이론에 따른 우주 시간 여행의 쌍둥이 패러독스 같은 주제는 흥미로워서 읽고 또 읽었다(물론 완전히 이해는 못 했다). 일러스트레이션을 통해 나온 각종 은하의 모습을 보며 정말 이렇게 생겼을까 궁금했다. 그럼에도 우주에 대해서 깊이 탐구하지 않았다. 더 자세히 이해하고 공부하기 위해서 필요한 물리나 수학이라는 학문이 어려워서 그랬나 보다. 어렸어도 현실 감각은 높았던 모양이다.

그러나 한동안 우주를 생각할 겨를은 없었다. 하늘을 올려다볼 일 있어도 날씨만 살피는 게 전부였다. 오늘은 '달이 밝다던가, 비가 오려는 날씨인가?' 이 정도의 느낌일 뿐이었다. 과학동아를 열심히 보면서 우주를 동경하던 소년의 모습은 이미 오래전에 사라졌다. 『천문학자는 별을 보지 않는다』의 심채경 박사처럼 직업적으로 별을 봐야 하는 사람도 현실적인 일에 파묻혀야 하는 법이니 말이다.

우주를 잊고 지내던 현실의 내가 다시 각성하게 되는 일이 생겼다. 발단은 아주 단순했다. 그것은 바로 지구와 달 사이의 거리에 태양계의 모든 행성이 들어올 수 있다는 것을 보여준 사진 한 장이다. 목성은 엄청 크고(지구 부피의 1,300배) 토성도 그러할진대, 그렇다면 대체 지구와 달은 얼마나 먼 거리란 말인가! 그런데도 눈으로 보이는 달은 어쩜 저렇게 크게 보이는가. 저 멀리 있는 달의 인력이 지구의 바닷물을 끌어당긴다니 말이 되나(역으로 달은 지구의 인력에 끌려 어디로 가지 못한다).

왼쪽 맨 끝이 지구, 오른쪽 맨 끝이 달이다. 태양계 행성이 그 사이에 쭉 들어간다.

슈퍼문이라고 불리는 때가 되면 더더욱 크게 느껴지는 달. 달을 생각하면 늑대인간이나 Lunatic(미치광이)이라는 단어가 떠오른다. 과학 지식이 부족했던 과거의 인류에게는 밤만 되면 나타나고 크기가 줄었다 커졌다 보이는 존재가 당연히 경이롭고 신비했을 것이다. 그런 변화가 미치광이를 만드는 존재처럼 보였을 것에 동의한다.

아니지 그게 중요한 것이 아니다. 1970년대에 어떻게 인간은 저 먼 거리를 날아서 달에 갔고, 거기에 발을 디뎠을까? 인간의 기술과 도전이 엄청나게 뛰어난 것에 놀라다가도, 광활한 거리를 외롭게 날아갔을 아폴로 11호의 우주인들을 생각해본다. 그들이 어떤 감정으로 우주여행을 했을지 나는 감히 상상할 수 없다. 어쩌면 돌아오지 못할 것을 각오하고 지구인의 우주 정복 여행의 희생자가 되었을 수도 있는데 말이다. 몇 년 전 서호주의 시골에서 보았던 쏟아지는 별들이 기억난다. 잠들지 않는 도시의 야경에 익숙해져 있다가 아무것도 없는 깜깜한 밤하늘을 만날 수 있다는 것은 행운이었다. 놀라움도 잠시일 뿐, 말 그대로 쏟아질 듯 보이는 별들의 향연은 오히려 나를 숙연하게 만들었다. 사진기를 가져가 별 사진을 찍겠다고 했지만 사실 내 마음속에 별들의 흔적을 담아두고 싶어 멍하니 바라보기만 해도 좋았다. 우주에 떠 있는 헤아릴 수 없는 별들 사이에서 지구라는 행성의 존재감에 대한 의문이 들었다. 그리고 알 수 없는 경건함을 느꼈다.

지금 밝게 빛나는 저 빛이 언제 시작해서 이제서야 내 눈에 보이게 된 것일까? 어쩌면 저 별은 빛을 잃고 사라져버린 존재는 아닐는지. 가늠조차 안 되는 시간과 공간을 날아 지구에 있는 이 작은 생명체에게 하나의 밝은 점으로 빛나는 행성의 의미는 무엇이길래 나를 이렇게 사색에 잠기도록 만드는가.

어느 순간부터 밤하늘을 올려다볼 때면 사람은 한없이 작고 힘없는 미물임을 알게 된다. 인간의 존재란 무엇인지에 대한 존재론적 질문을 던져도 본다. 셀 수도 없을 만큼 많은, 정말 천문학적 숫자의 별들 속에 지구라는 별, 그 지구에 사는 지구인들 70억 명 속의 하나인 나, 그리고 저 멀리 보이는 별들과는 비교도 안 될 정도로 잠깐 살다가 가는 인생. 우주의 나이를 생각하면 인간의 삶은 찰나의 시간일 뿐. 그런 생각을 하다 보면 나를 붙잡고 괴롭히는 고민, 욕심들이 얼마나 부질없는 것인지 깨닫는다. 찰나의 시간이 그저 후회와 반성으로 채워지지 않도록 단련하고 풍성하게 살아가기를 꿈꾼다.

°자기 성장을 위한 자원을 마련하자

◇◇◇◇◇◇

파트 멤버들과 이런저런 이야기를 할 수 있는 시간과 기회를 가지려 하고 있다. 새로운 파트나 과제를 맡으면 재빠르게 업무를 파악하는 것이 중요하다. 대략의 큰 방향성과 그림을 정하고 나면 그 일을 수행하는 자원(즉 사람. 말 그대로 Human Resource)을 알고 싶어진다. 결국 일이란 동료들의 손을 빌려 현실화되기 때문이다.

척 보면 다 알지, 하는 선배가 있었다. 나는 그런 사람이 아니기에 진득하게 이야기를 나누며 상대를 알고 판단하고 싶었다. 그렇게 한 사람 한 사람과 이야기를 나눴다. 일을 썩 잘하는 분과 얘기를 나누던 중 깜짝 놀랐다. 관심이 높고 하고 싶은 일이 있는데 그걸 위한 자원, 즉 시간과 노력을 마련해야 하면서도 실제로는 못 하고 있다는 것이다. 해야 할 일이 수시로 생기는 업무이다 보니 자기 하고 싶은 것을 우선순위의 앞에 두고 싶지 않다는 것이 주된 이유였다. 또한 자기 욕심으로 원하는 일을 함으로써 동료들이 일을 나눠서 해야 하는 것에 미안함을 느끼는 것도 있다 했다. 그러다 보니 관심 있는 기술 분야에 대해 원하는 만큼의 일을 제대로 할 수 없었다는 것은 당연한 현실이다. 리더 입장에서는 고마우면서도 안타까운 마음이 들었다. 한편으로 앞으로 어떻게 일을 배분해주어야 하나 고민이 늘었다.

오랜 시간을 회사에서 보내고 보니 후배들에게 일과 포지션에 대해 무작정 욕심을 가지라고 말하고 싶지 않다. 누군가는 야심 차게 몇 년 후를 그려놓고 일을 하지만, 다른 이는 현재의 역할과 위치에서 그저 충실하게 지내고 싶어 한다. 각양각색, 모두 자신만의 색깔을 갖고 있다. 일을 하는 의미, 회사에 다니는 태도 모두 다르고 각자의 이유가 있다. 내가 그들에게 가치관을 바꾸라고 할 이유도 명분도 없다. 그럼에도 꼭 당부하고 싶은 것은 하나다. 스스로 성장하는 기회를 찾고 그 결과물을 느껴보라는 것이다. 앞서 말했듯 인력은 회사의 자원이긴 하지만 소유자는 자신이다. 노동력을 제공하고 보상을 받는 계약 관계가 '종속'된 그것은 아니란 말이다.

나는 어땠을까? '올해는 이렇게, 내년에는 저렇게 성장해야지.' 하는 의도를 가지고 움직인 적은 없었다. 일이 주어지면 열심히 문제를 풀었고 직접 제안해서 과제로 운영하기도 했다. 그렇게 매년 또는 몇 년에 걸쳐 어떤 성장을 이뤄냈다고 느끼면서 회사에 다녔다. 성장의 결과물을 현물화하면 연봉 상승이라 할 수 있을지 모르겠다. 그것보다는 스스로 느끼는 만족감과 주변의 인정이 제일 크게 다가왔었다. 무형의 보상이 주는 감동은 돈 이상의 다른 의미가 있다.

1 : 1 대화를 모두 마치고 나니 에너지가 바닥났다. 자리에 돌아와 후배와 동료들에게 성장을 위한 기회를 고민하라고 하는 이유가 무엇일지 가만히 돌아본다. 그냥 꼰대력이 발동해 선배놀이를 하고 싶었던 것은 아니었다. 그 답으로 놀랍게도 최근의 내가 정체되어 있는 느낌을 받기 때문임을 깨닫는다. 이 회사에서 어떤 사람이 되어가고 있는지, 여전히 생산성 있는 동료이자 리더인지……. 쌓은 경력과 시간이 무색하지 않게, 나를 위한 성장 자원을 다시 찾아보기로 다짐해본다.

°'사람답다'의 모호한 경계

◇◇◇◇◇◇

영화 '베테랑' 속 명대사 "우리가 돈이 없지 가오가 없냐?"라는 말처럼 요즘 세상엔 돈만 있으면 뭐든 할 수 있다는 인식이 만연하다. 하지만 우리 모두 알다시피 돈으로도 살 수 없는 것이 바로 인간으로서의 품위다. 그렇다면 어떻게 해야 스스로 품격 있고 가치 있는 삶을 영위할 수 있을까? 내가 생각하는 답은 간단하다. 물질 만능주의 사회에서 벗어나 자신만의 신념을 가지고 살아가면 된다. 물론 그러기 위해선 부단한 노력이 필요하겠지만 그럼에도 불구하고 난 앞으로도 계속해서 나만의 길을 걸어갈 것이다.

몇 년 전까지만 해도 명품 가방 하나쯤은 있어야 한다는 분위기가 팽배했다. 나도 예외는 아니었다. 남들 시선 의식하느라 무리해서라도 사고 싶은 마음이 굴뚝같았다. 심지어 친구들은 내게 허영심 가득한 된장녀라며 손가락질하기도 했다. 하지만 지금은 다르다. 굳이 비싼 물건을 소유하지 않아도 충분히 만족스러운 삶을 살고 있기 때문이다. 대신 책 읽는 시간을 늘렸다. 예전에는 주로 소설책을 읽었는데 이제는 인문학 서적 쪽으로 방향을 틀었다. 다양한 장르의 책을 읽다 보니 시야가 넓어졌고 인생관 역시 긍정적으로 바뀌었다. 그리고 자연스럽게 내면의 아름다움을 추구하게 됐다. 이렇게 내적 성장을 이루니 외적인 변화도 뒤따랐다. 우선 외모에 대한 집착이 사라지니 한결 여유로워졌다. 덕분에 주변 사람들에게도 너그러워졌으며 성격도 한층 밝아졌다. 그뿐만 아니라 불필요한 지출이 줄어드니 경제적으로도 이득이었다. 따라서 현재로선 더 이상 명품 백 따위에 연연하지 않는다. 다만 좋은 옷 입고 맛있는 음식 먹으며 가족들과 함께 여행 다니는 소박한 삶만으로도 충분히 행복하다.

어떤가? 제법 괜찮은 글처럼 보이는가? 이 글을 완성하는 데 걸린 시간은 고작 1분 남짓이라면 믿을 수 있을지 모르겠다. '사람답게 사는 법'이란 주제를 AI에게 던져주니 위와 같은 글이 뚝딱 완성되었다. 기계가 써준 사람답게 사는 법의 해답이 참 역설적으로 들린다.

내가 한 일이라고는 주제어와 적당한 카테고리를 선정하고 AI에게 글을 완성하라는 명령을 내린 것뿐이다. 그러면 2~3개의 서론을 알아서 완성해준다. 읽어보고 맘에 드는 것을 하나 선택했다(윗글의 첫 단락). 그러면 그에 어울리는 본론을 또 2~3개 연결해서 써준다(두 번째 단락). 두 단락을 합치면 제목도 그럴싸하게 지어준다. AI가 추천한 제목은 '나는 나로 살기로 했다'였다. 허허 참.

어제 이 서비스를 만났을 때 느낀 놀라움과 흥분, 그리고 글 쓰는 사람으로서의 자괴감은 이루 말할 수 없었다. 이 글을 읽는 독자는 현재 읽고 있는 이 문장들이 사람이 쓴 것인지, 기계가 쓴 것인지 과연 구분할 수 있을까? 궁금하다.

최근에는 AI가 그린 그림이 콘테스트에서 대상을 받아 논란이 되었다. AI가 쓴 소설도 그럴듯하다고 들었다. 아직 한계는 있다. 맥락이 완벽하지는 않다. 하지만 사람이 써도 그럴 때가 있으니 오히려 더 사람답다고 해야 하려나?!

그 차이는 과연 어디에 있을까? 결과물을 내는 것에는 때론 기계가 더 우수한 능력을 보일 수 있다. 그러나 무엇보다 아무것도 없는 상황에서 기계 스스로 창작을 하지는 못한다. 적어도 주제 정도는 사람이 고민해봐야 한다는 것이다. 명령을 내려야 비로소 반응할 수 있다는 것이 현재 시점에서 인간과 기계의 확연한 차이일진대, 결과물에 있어서는 명확한 구분이 어려워 보여 괜한 걱정이 앞선다. 기계학습의 완성도는 점점 올라갈 테니 누가 작업한 결과물인지 더욱 모호해지지 않을는지. AI가 미래에 대체하게 될 사람의 직업에 대해 소개하는 기사를 본 적 있다. 이제 그런 세상이 진짜 현실이 될 판이다. AI의 시대에 나의 경력, 나이, 지나온 삶의 누적은 어떤 가치로 발현될 수 있을까? 사람답다는 말에 대해 다시 생각해보면서 흐린 겨울날 아침이 어쩐지 더 차갑게 느껴진다.

누군가의 경험을 사는 것에 대하여

◇◇◇◇◇◇

언젠가 링크드인에서 어떤 글을 읽다가 낯선 것을 발견했다. 글의 말미에 '저의 커피챗 링크'라고 적혀 있는 메모를 발견한 것이다. 궁금한 것은 찾아봐야 속이 풀린다. 링크를 타고 들어가니 전에 모르던 새로운 서비스를 알게 되었다. 핵심만 말하면 업계 경력자와 20분 동안 이야기를 주고받는 기회를 제공하는 서비스(플랫폼)였다.

경력자와 이야기 나누는 시간의 의미

커피 한잔하면서 선배든 후배든 동료와 이야기를 나눌 수 있는 기회를 갖는 것의 의미는 무엇일까? 새로운 부서, 회사에서 일을 하게 되었을 때 현업을 바로 능숙하게 할 수 있지 않다. 이때 필요한 것은 주변인의 관심과 도움이다. 주변인이란 결국 인적 네트워크라는 자산의 중요성으로 연결된다. 해외 파견을 처음 나가서 어쩔 줄 모르던 시기에 공동연구 기회를 만들어준 것은 한국에서 만들어놓은 소중한 인연 때문이었다. 그 인연이 다리를 놓아주었고, 그렇게 만난 사람은 싱가포르 국책 연구소의 디렉터였다. 처음엔 정말 부담스러웠다. 하지만 함께했던 점심시간 1시간 동안 큰 깨달음을 얻었다. 일을 하는 방법에 대해 고민을 이야기했고, 그는 당신의 경험을 기꺼이 나누어 주었다. 조언이 더 다가왔던 이유는 그 사람 또한 글로벌 화장품 회사를 오랫동안 다닌 경험이 있었기 때문이다. 운이 좋다는 건 이런 것이 아닐까! 비록 끝까지 연락하고 지내는 인연으로 발전하지 못했지만 괜찮다. 핵심은 다른 사람을 만나는 행위, 그리고 그와 대화를 하면서 상대방의 지난 경력을 공유하는 행위의 좋은 점을 경험하게 되었던 사건 그 자체였다.

왜 그런 공유의 시간이 중요할까?

회사에서 하는 일의 개념을 단지 보고서를 쓰고, 회의에 참석하고, 실험을 하는 것으로만 정의하는 것은 매우 지엽적이고 편협한 생각이다. 일의 시작과 끝에는 다양한 부서와 사람이 관계되고 그 안에서 갈등을 해결해야 한다. 문제를 어떻게 누구와 해결할지, 당장 풀 수 없다면 어떤 식으로 우회할 수 있는지, 끊임없이 생기는 고민에 대해 '함께' 해결하는 공유의 시간 전부 '일'이다. 공유하기 위해 만나고 이야기를 나누는 건 당연하다. 그러니 사실 수다를 떤다고 표현한 티타임(또는 커피챗) 또한 일을 하는 시간인 것이다.

그런 시간이 익숙하지 않다면 처음엔 신변잡기부터 시작할 수 있다.

이야기를 나누는 둘 사이의 미묘한 간극을 깨는 아이스 브레이킹이 적당히 이루어지면, 이후 본격적으로 뛰어들면 된다.

일면식 없어도 도울 수 있다

커피챗 플랫폼 서비스를 알게 되었을 때, 앞서 말한 나의 에피소드가 떠오른 것은 우연이 아닐 것이다. 전혀 모르던 사람이 선뜻 자기 경험을 나누어 준 행위에 감사만 할 것이 아니라, 이제는 나도 도움을 주는 사람이 되고 싶었다. 어느새 이 업계에서 20년 가까운 경력을 가졌으니 가벼이 볼 것이 아니다(늘 부족하다고 생각하지만).

경험과 경력을 가진 사람들이 그것을 공유하는 행위는 선한 영향력을 발휘하고 결국 누군가의 커리어 발전에 도움이 되리라 기대한다. 문제는 어디에 가서 경험을 구할 수 있느냐는 것이다. IT 업계에 궁금한 것이 있는데 주변에 물어볼 사람이 딱 나타나기란 쉽지 않다. 현재 일하던 분야에서 새로운 직업군으로 넘어갈 때 그 동네의 분위기를 파악하고 싶어도 어지간해서는 조언을 구할 귀인을 만나기 어려운 것이 현실이다. 지인에게, 친구에게 '누구 아는 사람 없어?' 이런 부탁을 하기 일쑤다. 그런데 이제는 업계 경력자를 돈 주고 잠깐 대여(?)할 수 있게 되었으니 참 편리한 세상이 되었다. 평생 만나기 어려운 전문가에게 질문을 하고 답변을 듣는 건 매우 매력적이다.

'책을 산다는 것은 작가의 인생을 사는 것이다'라고 했다. 일과 관련된 책의 저자로서 이 말의 의미를 이제야 알겠다. 구슬을 꿰어놓으면

보배가 된다는 것이, 경험을 나누는 세계에서도 맞는 말이다. 책을 출판했지만 그것만으로만 부족한 것 같다. 책은 어떤 시점에서 완료가 된 이야기지만, 나는 여전히 새로운 경험과 함께 성장하고 있기 때문이다. 적극적으로 내 인생과 경력이 필요한 누군가에게 나를 널리 알리고 싶어졌다. 경험을 대여할 준비가 되어 있다. 누군가 나의 시행착오를 거울삼아 더 나은 선택과 판단을 하고, 지금 가진 고민을 조금 덜 수 있다면 그것으로 충분한 것이다.

이야기를 듣는 입장에서는 확증편향에 빠지지 않도록 정보를 걸러서 듣는 것에 주의하면 좋다. 아무리 해당 업계의 경험이 많은 사람일지라도 결국 한 사람의 의견일 뿐이다. 보편타당한 이야기를 하게 되지만 말하는 사람의 경험에서 비롯한 편견이 작동할 가능성이 분명히 있다. 사람들은 의외로 대화 중에 자기가 하고 싶은 말만 하고, 듣고 싶은 말만 듣는다. 그래서 특정 분야의 장점과 단점을 둘 다 전달해도 듣는 사람이 취하는 것은 자기가 원하는 쪽일 가능성이 더 높다.

어제 커피챗을 했다.

커피챗 파트너로 등록했는데 바로 신청이 들어왔다. 찬찬히 그가 남긴 질문을 보니 답할 수 있는 것도 있고, 전문성이 낮아서 답하기 어려운 것도 있었다. 어쩔까 고민을 하다가 동종 업계의 친구 찬스를 쓰기로 했다. 마침 질문 내용에 해당하는 분야에 친구들이 일하고 있었기 때문이다. 누군가 내 이야기를 듣고자 비용을 댄다면 나 역시 그에

준하는 준비는 필요하다.

정작 실전은 20분이라는 짧은 시간, 서로의 인사도 매우 짧게 진행하고 얼굴도 모른 채 음성 통화만 하는 것이었지만 신선한 경험이었다. 그가 지불한 돈과 시간에 맞게 내 경험과 생각을 제대로 전달했는지 궁금하다.

"고민이 많았는데 꽤 많이 해소가 되었어요."

이 답변이면 성공적인 첫 상담이라고 믿고 싶다.

오늘의 이 경험이 얼마나 꾸준하게 있을지는 알 수 없다. 다만 적어도 과거의 나와 비슷한 고민을 가진 누군가에게, 그리고 설사 세상에 단 한 사람일지라도 도움을 줄 수 있다면 돈을 버는 것보다 훨씬 더 뿌듯한 보람으로 남을 것임을 난 알고 있다.

°글쓰기는 나의 본질에 대한 질문과 대답이다

◇◇◇◇◇◇

테세우스의 배라는 흥미로운 역설이 있다. 테세우스는 저 유명한 괴물 미노타우로스를 죽인 후 아테네로 돌아온다. 대단한 영웅이었던 만큼 아테네인들은 테세우스의 배를 오랜 시간 보존하려고 했다. 그들은 배의 판자가 썩으면 그 낡은 판자를 떼어버리고 더 튼튼한 새 판자를 그 자리에 박아 넣었다고 한다. 당시 기술의 수준이 그러했기 때문이다. 커다란 배에서 겨우 판자 조각 하나를 갈아 끼운다 한들 테세우스가 타고 왔던 "그 배"라는 것은 당연하다. 한 번 수리한 배에서 다시 다른 판자를 갈아 끼운다 하더라도 마찬가지로 큰 차이는 없을 것이 분명하다. 하지만 그렇게 계속 낡은 판자를 갈아 끼운다고 가정해보자. 어느 시점부터는 테세우스가 탔던 원래 배의 조각은 하나도 남지 않을 것이다. 그렇다면 그 배를 과연 테세우스의 배라고 부를 수 있을까?

사람을 구성하는 세포는 시간이 지나면 죽어버리고 새로운 세포로 대체되기 때문에 몇 년이 지난 후에는 나를 구성하는 세포가 전혀 달라진다. 하긴 피부 세포만 하더라도 턴오버(죽은 세포는 떨어지고 새로운 세포가 대체하는 것) 주기가 굉장히 빨라서 약 한 달 뒤면 표피 세포는 완전히 새로운 것으로 대체된다. 그러므로 철학적인 질문을 떠나서라도 생물학적으로 '현재의 내가 과거의 나와 같은 것일까?'라는 질문은 의미가 있다. 생물학을 배운 사람으로 이야기해보자면, 새롭게 생긴 세포도(이론상) 유전적으로 동일한 개체이기 때문에 '전과 같은 것'이라고 볼 수 있겠지만, 판단의 시점을 기준으로 하면 다른 해석을 할 여지가 있다.

'같은 강물에 두 번 발을 담그는 것은 불가능하다.'

고대 그리스에 살았던 헤라클레이토스가 한 말이다. 강물은 계속해서 흘러가기 때문에 바로 조금 전까지 나를 적셨던 강물은 지금의 것과 다르다. 우리를 둘러싼 환경은 순식간에 그리고 속절없이 바뀌어간다. 언제부터인지 모르게 하루의 시간은 간혹 더딘 적이 있었지만 부쩍 한 달, 일 년의 시간은 참말로 빠르다. 안 그래도 빠른 변화의 시간과 환경 속에서 우리가 가져야 할 질문의 방향은 어쩌면 명확하다.

10대의 나와 20대, 30대, 그리고 현재의 나는 존재가 완전히 동일하지 않다. 존재론적 고민을 해볼 기회는 거의 없었기에 이런 질문과 역설들이 굉장히 신선하게 느껴졌다. 이 재미난 이야기들이 던지는 철학적 질문은 자신의 정체성에 대한 질문으로 돌아온다.

나는 누구인가? 나의 본질은 어디에 있는가?

본질이란 표현을 좋아한다. 국어사전에 의하면 본질이란, 사물 본디의 성질이나 모습이라고 되어 있다. 세상을 살다 보면 우리는 본질을 자주 놓친다. 회사 일과 연구라는 직업에 오랫동안 있다 보니 자연스럽게 '왜?'라는 질문을 달고 살게 되었다. 왜 하는 일인지, 정말 필요한 과업과 탐구인지에 대한 것을 꾸준히 질문하다 보면 새삼 '굳이 이런 것까지'라고 생각되는 일이 많다는 것을 알게 된다. 본질을 놓치고 주변을 화려하게 치장하는 데만 신경 쓰고 마는 상황들을 마주할 때마다 아쉬웠다.

『그냥 하지 말라』의 저자 송길영 대표는 많은 일이 자동화되는 시대에 내가 다른 이들과 어떻게 다른지를 설명해야 하는 작업이 필요할 것이라 말한다. 전체의 일부가 아니라 나 자신의 존재에 대한 의미를 부여하는 것이 중요하다는 것이다. 특히 한국 사회는 그동안 자신의 존재를 직위나 관계로 풀어왔기 때문에 이런 변화와 챌린지에 더욱 취약해질 수밖에 없다. 가끔 길거리를 걷다 마주치는 수많은 사람들 속에 있는 '나'라는 존재를 생각해보면 40대 아저씨 그 이상도 이하도 아니라는 걸 깨닫는다. 아파트 쓰레기 버리는 날이면 슬리퍼 질질 끌고 나가 추리한 옷차림으로 분리수거하는 나를, 번듯한 회사에서 20여 년 가까이 일하며 썩 괜찮은 학교를 졸업한 박사라는 사실을 그 누가 알까(아니, 관심이나 있을까!). 회사라는 울타리를 벗어나는 순간, 관계의 힘이 사라지는 곳에서 자연인으로서 나는 익명의 존재로 남기 쉽다.

본질을 찾아가는 과정의 필요성과 중요성을 다시 생각해본다. 사회적 인간이기 때문에 원하든 원치 않든 남들에게 그리고 사회에 보이는 모습의 중요성이 있다. 화려한 스포트라이트를 받으면서 행복할 수도 있지만, 파티가 끝난 뒤의 공허함마저 해결해 주는 것은 아니다. 인간은 기본적으로 자신의 존재감을 찾고 확인받고 싶어 한다. 개인화된 콘텐츠 시대가 도래한 것은 획일성과 효율성으로 성장해온 시대의 종말과 다름없다. 직급의 안전망에서 벗어나 자기 가치, 셀프 브랜딩에 대해 치열하게 고민해야 할 때다. 각자의 삶이 중요해지고 개별 목소리가 갖는 힘이 강해졌기 때문이다. 역설적으로 이러한 때에 자신의 본질을 찾는 질문의 무게는 더해진다.

시간이 지나 예전에 썼던 글을 다시 찬찬히 읽어보면 당시의 내가 때론 기특하고, 어쩐지 부끄럽고, 문득문득 썩 괜찮아 보이고, 적잖이 애틋하다. 이 친구, 참 세상 복잡하게 사는구먼 싶다가 철들려면 멀었네 하는 에피소드를 만난다. 많은 세포가 죽고 새로운 세포로 채워져가는 생물체로서 나의 과거와 현재가 맞닿는 지점에서, 남들은 모르는(때론 몰랐으면 하는) 자신을 스스로 발견하는 기쁨이 있다. 그것들이 하나둘 모여 나라는 사람의 본질을 이룬다. 적당히 사회화된 내가 아닌 본디의 나이다. 그게 어쩌면 내가 글을 쓰고 있는 이유라고 거창하게 결론 내본다.

°고혈압이라니 믿기 싫어요

>>> 왼쪽 다리에 저릿한 통증이 지속적으로 나타나는 현상을 아시는지? 다리 저림의 대표적인 이유는 크게 디스크 또는 좌골 신경이 눌려서 생기는 통증, 이렇게 2가지로 본다. 허리 디스크 질환은 3~4년 전 건강 검진할 때부터 알고 있었다. 그런데 어느 날 스트레칭 후 갑자기 생긴 통증이었기에, (진단도 없이 내 맘대로) 이건 좌골 신경통일 거라는 생각을 했더랬다. 유튜브 검색으로 증상 개선에 좋다는 스트레칭은 다 해봤다. 그래도 나아지질 않고 늘 은근한 – 그래서 더 기분 나쁜 – 아픔이 있었다. 밤에 자려면 어느 한쪽으로 눕기가 힘들기도 했다.

증상은 여전했지만 참으며 지냈다. 지낼만하다는 것은 실제로 그렇기 때문이었다. 막 아프다가도 괜찮아지고, 일할 때는 그냥저냥 참을 만한 증상이었다. 병원을 생각하다가도 지나가기 일쑤였다. 그런 귀찮음을 이겨내도록 하는 건 진짜 참을 수 없을 수준에 이르렀던 상황이다. X-ray를 본 의사는 명확하게 디스크 때문이라고 하지 않고 물리치료를 하라고 했다. 대증요법으로 하자니 의아했으나 물리치료와 소염제로 좀 나아지나 싶었다. 확 좋아진 느낌이 없어 괜히 했다 싶어 더 이상 치료를 받으러 가지 않았다.

그렇게 또 몇 달. 어느 날 통증이 너무 심해졌다. 이렇게 살아서는 곤란하단 생각이 들었다. 돌아보면 참 미련한 짓이다. 아프면 삶의 질이 심하게 공격받는다. 저림이 심한 날엔 만사 귀찮고 가족들에게 짜증을 많이 내는 나를 발견했다. 좋은 것을 먹으러 가도 온통 신경은 다리에 가 있었다. 멋진 풍경에도 감동하기 어려웠다. 지금이야 아직 젊어서, 몸의 노화가 덜해서 참고 지내고 있지만 더 나이 들면 더 참을 수 없을 것이라는 생각도 들고, 병을 키우면 안 될 것 같았다.

>>> 병을 키우는 원인 중 하나는 자신의 건강과 몸 상태에 대한 근거 없는 자만심과 자존심이다. 이미 겪은 적이 있다. 회사에서 하는 건강검진 결과에 늘 혈압이 높게 나오니 병원에서 정밀 검사를 해보라는 아내의 말을 계속 무시했었다. '백색 고혈압'이라는 증상이 있다. 평소엔 괜찮아도 병원에 가면 괜히 긴장해서 혈압이 높게 측정되는 현상을 말한다. 나는 긴장도가 높은 사람이란 것을 알기에 그럴 거라고 믿고 설득해왔다. 그러나 100~150을 꾸준히 넘는 수치였고, 근거 없는 내 주장보다는 데이터를 보여주면 아내의 걱정도 덜어질 것이라 생각했다.

24시간 몸에 차고 다니면서 혈압을 측정하는 기계를 대여했다. 잠자는 시간까지 포함해서 하루를 꼬박 혈압 측정기와 함께 지낸 후 검사 결과를 받았다. 이 결과로 아내의 걱정과 의심을 한꺼번에 덜 수있으리라. 그러나 결과는 고혈압이었다. 기계는 거짓말을 하지 않았다. 거짓임을 믿고 싶은 건 상황을 부정하는 나였을 뿐이다.

>>> 고혈압을 인정하고 싶지 않았다. 난 지금 겉으로 보기 멀쩡하고 건강한 것 같았다. 환자로 나를 받아들이는 것이 쉽지 않았던 것이다. 내 몸은 내가 제일 잘 안다며 자만하는 것도 있었지만 상황을 객관적으로 볼 준비가 부족했다. 평생 끊을 수 없다는 약을 시작하는 것에 대한 두려움과 귀찮음, 몸 상태를 인정할 수 없는 마음. 40대 초반의 일이었다. 마흔이면 아직 쌩쌩할 때라고 굳게 믿었다. 열심히는 아니어도 꾸준하게 운동을 해왔었고 몸 상태에 대한 자신이 있었던 터다.

고혈압을 진단받고 한 달을 꾸준히 운동해본 후 다시 만나자는 의사의 권고를 충실히 따랐다. 운동으로 상태가 달라지면 약을 먹지 않을 기회가 있을 것이라 믿었다. 하지만 결과는 그대로였다. 이후부터는 마음을 바꾸고, 병을 받아들였다. 주변에 보니 이미 오래전부터 혈압약을 복용해온 친구가 많았다. 약을 먹으니 높기만 하던 혈압이 잘 잡힌다. 이렇게 쉬운 해결책을 두고 괜한 내 고집과 아집으로 시간만 허비한 것을 반성했다.

>>> 과거에 그런 경험을 했어도 새로운 어떤 증상은 자꾸 가볍게 넘기려고 한다. 병을 인정하지 못하면 더 나아질 좋은 기회와 시간을 놓친다. 다시 찾아온 팔다리의 고통에 빨리 검진을 예약했다. 그러자 거짓말처럼 증상이 많이 줄어들었다. 또 한 번 갈등이 찾아왔다. 조금 참으면 될 것 같은데 라는 생각, 괜히 검진받아도 별것 못 찾으면 어쩌나 하는 의심, 주말에 시간을 내서 병원에 가야 하는 귀찮음, 그동안 지내오면서 터득한 적당히 참는 법 등 유혹의 변수가 너무 많았다. 그러나 병 키우기에 대한 걱정이 더 앞섰나 보다. 나이가 이제는 40보다 50에 가까이 있다는 사실도 인정해야 했다.

MRI 검사를 받아보니 역시나 4번과 5번 디스크 사이에 신경이 부어 있어서 그게 눌리는 탓에 통증이 오는 것이라 하였다. 원인을 알게 되니 마음이 한결 편했다. 일단 수술은 아니고 부은 신경을 가라앉히는 시술로 진행해보자고 하기에 고민 없이 그러겠다고 했다. 지난 2년간 혹처럼 달려 있던 고통을 끝내고 싶었다.

결과는 정말 신기하다. 주사를 맞을 때 고통은 좀 심했지만 늘 다리 한쪽에 영향을 주던 아픔이 사라졌다. 100%는 아니지만 많이 줄었다. 이렇게만 해도 삶의 질이 확 좋아지는 것을! 참아왔던 시간이 괜히 멋쩍다.

>>> 건강하다고 생각하는 것과 실제 건강한 것은 큰 차이가 있다. 난 아직 젊지, 괜찮겠지 하는 것은 마음뿐이다. 노인들이 흔히 '마

음만은 청춘이야'라고 하는 걸 웃어넘겼는데, 이제 내가 그렇다. 나이가 들면서 마음과 정신이 성숙해지는 것과 별개로 자기 상태를 현실보다 좋은 상황으로 보려는 이유는 무엇일까? 인지부조화 때문이라고 생각한다. 나이 듦에 대한 인정, 아픔과 노화라는 것을 인정해야하는, 어떤 '선'을 넘는 순간, 진짜 그렇게 되어버린 나를 바라봐야 하는 것이다. 30대 친구들과 하하 호호 농담을 따먹는다고 난 아직 젊다고 생각하지 말지어다. 병이든 일이든 그 무엇이든 어떤 본질에 다가가려면 현실 인식과 인정, 이것이 정말 중요하다.

>>> 몸은 충실하게 시간의 흐름에 따라 노화라는 현상을 진행하고 있다. 후성 유전학(Epigenetics)이란 학문이 있다. 유전적 형질이 몸을 전반적으로 지배하는 요인이 되는 것은 사실이지만, 개인의 노력에 따라 노화의 결과는 매우 다르게 나타난다. 후성 유전학을 공부하는 미국의 어떤 교수가 스스로를 테스터로 삼아 열심히 관리하고 있는 영상을 본 적 있다. 적절한 식사와 꾸준한 운동으로 관리하니 나이에 비해 엄청 젊은 몸 상태였다. 후성 유전적으로 노화를 늦출수 있다는 것을 증명해낸 셈이다. 흥미롭게도 그의 쌍둥이 동생은 아주 평범한 삶을 살아왔기에 그의 신체 나이는 형처럼 젊지 않았다. 이렇듯 노력 여하에 따라 상대적으로 건강한 상태를 유지하거나 진행정도를 늦출 수 있는 것은 확실하다. 과학적 근거로도 증명이 되듯 말이다.

>>> 오늘이 내 인생의 가장 젊은 날이라는 말이 있다. 그 젊은 날을 건강하게 지내려면 정말 있을 때 잘하자. 있을 때 잘하려면 변화를 인식하는 것, 그리고 담담한 마음으로 있는 그대로를 인정하면 된다. 놀랍게도 개선의 기회는 바로 거기에서 부터 시작된다.

°오늘은 빨래를 돌려야겠다

◇◇◇◇◇◇

어머니가 젊으셨을 때 적십자 활동을 열심히 하셨었다. 어느 날은 노인 봉사를 다녀오시고 지나가는 말로 남자 노인들에게는 특유의 냄새가 있다고 하셨다. 할머니들에게는 그렇지 않은데 꼭 할아버지들은 특유의 냄새가 있다는 말씀이었다. 그래서 함께 버스를 타고 갈 때 그분들 뒷자리에 앉으면 많이 힘들다 하신 말씀이 기억난다. 초등학생 때 들은 얘기 같은데 기억하는 걸 보면 딴에는 인상 깊었나 보다. 그땐 그게 무슨 냄새인지 당연히 알 수 없었다. 시간이 지나 고령이 되신 할머니 방에서 독특한 냄새를 맡았다. 어머니가 말씀하신 내용을 추측할 수 있었다. 그때 난 단지 노인이 되면 잘 씻지 않아서 나는 냄새라고 생각했었다.

노인취. 나이가 든 사람에게서 나는 특유의 냄새. 가령취라고도 부른다. 나이가 들면 정말 몸에서 전에 없던 냄새가 나는 것일까? 2001년에 Journal of Investigative Dermatology라는 피부과학 분야의 유명

학술지에 발표된 시세이도(일본 화장품 회사)의 논문이 있다. 26살~75살까지를 대상으로 연구해 보니 40살 이상의 피험자에서 2-nonenal이란 성분이 검출되었다. 이 성분은 불쾌한 기름기, 풀 냄새 같은 향을 낸다. 연구의 주장에 따르면 나이가 들수록 몸에서 좋지 않은 냄새를 풍기게 되는 것이 맞다. 시세이도 연구진은 몇 년 후 추가 연구결과를 발표한다. 세포 배양 조건에서 2-Nonenal이 피부의 각질세포 생존력을 감소시키고 세포 사멸을 촉진한다는 것이다. 즉 불쾌한 냄새만 나는 것이 아니라 피부에도 좋지 않은 영향을 준다는 점을 시사했다.

몸의 냄새 얘기가 나온 김에 조금만 더 얘기를 풀어보자. 노인취는 아니지만 VOC(volatile organic compounds, 휘발성 유기물)라는 것도 있다. 인간의 피부는 다양한 휘발성 대사산물을 방출하는데 주로 겨드랑이에서 나는 냄새의 원인이 된다. 겨드랑이 냄새에는 다음과 같은 연구 결과도 있다.

「특정 유전자를 보유해 겨드랑이 냄새가 나지 않는 사람들」이란 주제로 실사한 연구에서 6,495명의 여성 중 대략 2%에 해당하는 117명의 여성들이 특정 유전자를 보유해 겨드랑이 냄새가 나지 않는다는 사실을 발견했다. 흥미롭게도 연구 필자들은 유전자 테스트의 대안으로써 귀지의 상태로 이 유전자의 보유 여부를 판단할 수 있는데, 마른 귀지가 나오는 사람은 겨드랑이 냄새가 나지 않는 사람인 반면, 촉촉한 귀지가 나오는 사람은 겨드랑이 냄새가 나는 유전자 패턴의 보유자임을 의미한다고 설명했다. 서양인들은 귀지가 촉촉한 사람들이 많다나 뭐라나. 우리가 흔히 서양인의 암내라고 부르는 것에는 유전적 영향이 있음을 보여주는 데이터이다. 최근 연구에서는 VOC가 피부 위에서 살고 있는 균에서도 분비되며 사람마다 독특한 취의 이유가 된다는 것도 제시되어 마이크로바이옴이라는 연구까지 확장되었다.

잘 씻지 않는 것과는 별개로 나이가 들면 특정한 성분이 몸에서 많아지고, 그로 인해 노인의 냄새라는 것이 만들어지는 현상은 심증이 아닌 과학이었던 것이다. 연구자 입장에서 이성적으로 노인취를 설명하는데 이처럼 간단하고 명쾌한 해답은 얼마나 좋은가. 그러나 원인이 단순할수록 아무리 노력해도 거스르기 어려운 숙명 같은 느낌이 든다. 학문적인 이해를 떠나 괜스레 슬퍼진다. 전에는 아내가 "자기 몸에서 냄새나"라고 할 때, "옷을 잘 빨지 않아서 그런 거야~"라고 우겼었는데 이제 그럴 수가 없는 나이가 되어버렸다.

회사에서 나이 든 고객들을 대상으로 연구개발을 할 때 많이 들은 얘기가 있다. '노인을 대상으로 하는 제품'이라고 대놓고 광고하면 정작 그분들은 사지 않는다고 한다. 자기 자신은 아직 그걸 이용해야 할 사람이라고 받아들이지 않는 것이 이유였다. 우리는 매번 이렇게 '사실'이 된 것을 쉽게 인정하지 않는 습성이 있다.

최근 이사를 하고 좀 지났을 때 일이다. 옷장 문을 열었다. 옷을 쳐다보기도 전 어딘가 공기가 달라진 느낌이 들었다. 무엇일까? 이 느낌은 뭘까? 잠시 고민 끝에 전에 없던 냄새 때문임을 알아차렸다. 간혹 아내가 내 옷장에서는 특유의 냄새가 있으니 제발 옷 좀 자주 빨아 입으라고 말하곤 했다. 땀이 많이 나는 사람이니 옷에 냄새가 밴다는 말이었다. 당시엔 그럴 수도 있지 싶었지만 유독 이번에는 향의 느낌이 달랐다. 그리 유쾌하지 않은, 뭐랄까 홀아비 냄새라고 하는 것 같은 무엇.

혹시 가령취는 아닐까 싶다가 아니야 아직은 아닐 거야, 그럴 리 없다고 꼬장꼬장한 태도를 취해본다. 막상 내 몸에서 냄새가 날 수 있다는 사실(그래서 옷 어딘가에 깊숙하게 배어버린 냄새)을 객관적으로 받아들이자니, 차라리 옷장에서 풍긴 냄새는 아내의 말처럼 빨래를 자주 하지 않아서라고 믿고 싶어졌다. 아니지, 어쩌면 정말 빨래를 잘 안 해서 그런 이유도 조금은 있을 것이다. 생각난 김에 오늘은 빨래를 좀 돌려야겠다.

2장

마흔,
잠시 길을 잃어도
목적지를
잃지 마라

"살아가다 보니 자기가 어떤 사람인지 솔직하게 들여다 보는 것, 그리고 스스로 자기 자신을 정의 내리는 것이, 얼마나 중요하고 본질적이면서 필수적인 질문인지 깨 닫게 된다."

°온전히 나를 위한 시간을 생각하며

◇◇◇◇◇◇

몸이 좋지 않아서 충동적으로 다음 날 월차를 냈다. 오늘 이미 출근하기가 싫었는데 꾸역꾸역 나갔다가 와보니 하루 그냥 맘 편히 쉬는 것이 좋겠다 싶어진 것이다.

아침이 되었다. 갑자기 주어진 하루의 휴가. 회사를 안 가긴 하지만 마음은 편치 않다. 혹시 일이 생기진 않았을까 회사 앱을 열어서 메일을 살펴보다가, 이게 무슨 짓인가 싶어 금세 닫았다. 급하면 따로 연락하겠지. 메일을 미리 본다고 해결될 일이 있으랴.

뭘 할까 잠시 고민하다가 허리 치료를 받으러 병원에 가기로 했다. 지난번 디스크 때문에 주사치료를 받아서 훨씬 나아졌다 싶었는데 웬걸, 얼마 가지 않아 통증이 다시 도졌다. 담당 의사가 시술을 권하길래 최선인가 싶어 이 병원 저 병원 투어를 하고 나니, 시술보다는 도수 치료가 낫다는 것이 중론이었다. 차일피일 미루다가 생각난 김에 아침에 전화로 예약을 잡고 병원을 찾았다.

물리치료를 받으면서 침대에 누워 가만히 천장을 바라보다가 지금 이 순간이야말로 나만을 위해 온전히 쏟는 시간이란 생각이 들었다. 몸이 아파 병원에 왔는데 고작 그것이 날 위한 시간이라니, 참 소박한 발견이요, 기쁨이다.

만약 오늘 병원에 오지 않았다면 뭘 했을까 하는 생각의 타래가 풀려나갔다. 작정하고 어디 가려는 의도가 있는 휴가도 아니었고 갑작스레 생긴 하루지만, 정작 무엇을 할 수 있었나 물어보면 딱히 '이거요.' 하고 내놓을 답이 없다. 평소 시간 나면 해봐야지 싶은 후보, 버킷 리스트가 없는 것이다. 쇼핑을 좋아하면 집 앞 백화점과 아울렛 투어라도 할 텐데. 맛집을 좋아하면 주말에는 가지 못하는 유명한 식당을 찾아가 보기라도 할 텐데. 커피숍에 가서 커피 한 잔 시켜놓고 바깥 구경하면서 멍때리는 것에도 관심이 없다. 서점을 찾아가는 것도 아니요, 음악에 대해 조예가 깊어 마음껏 오늘 하루 밀린 음악 듣기 같은 건 꿈도 꿀 수 없다. 대체 나란 사람은 여태 무엇으로 살아온 것일까? 좋아하는 것은 무엇인지, 시간 나면 하고 싶은 무엇을 떠올리지 못하는 나. 그런 생각을 하니 괜히 울적해지는 것이다.

얼마 전 TV에 박재정이란 가수가 출연한 것을 보았다. 수원 FC의 찐 팬인 그는 각종 굿즈를 수집해서 방 안 가득 전시해 놓았다. 수집한 아이템들을 쳐다보는 것만으로도 행복해하는 모습이 무척 신기하고 대단해 보였다. 다른 출연자가 '저렇게 어떤 하나에 몰입할 수 있다는 것이 부럽다'라고 하는 말이 콕 날아와 박혔었다. 멀리서 찾을 것 없다. 주변에도 건전한 취미가 있는 사람들이 많다. 철인 3종을 하는 동기 형, 시간 나면 열심히 골프장을 찾는 동료, 꾸준히 아들과 함께 레고를 조립하고 모아두거나, 그림을 그리고 식물을 열심히 가꾸는 동료까지. 몰두할 수 있는 무엇이 있는 것, 그것으로 자신을 위한 시간을 보낼 수 있는 것은 멋지다.

나는 매우 운이 좋은 사람이다. 마흔이 막 되었을 때, 회사에서 10년 근속자를 대상으로 부여한 2주의 휴가로 유럽 여행을 홀로 다녀왔다. 처음엔 가족 여행을 계획하다가 도저히 견적이 잘 나오질 않아서 고민하는 나를 보더니 아내는 쿨하게 홀로 여행을 독려해줬다. 지금 생각해도 의아하고 미안하고 감사하다(딱 하나 지킬 것이 있었다. 다른 여자들과 절대 대화 금지). 그렇게 해서 태어나 처음으로 2주라는 긴 시간을 혈혈단신으로 여행해봤다. 첫 일주일은 솔직히 여기서 뭐 하는 거지 싶었는데, 갈수록 여행 속으로 집중해서 들어갈 수 있었다. 특히 스위스의 장엄한 자연 풍경에 압도되었던 기억은 생생하다. 당시가 선명한 것은 잊지 못할 체험이기도 하지만, 무엇보다 모든 일정, 시간, 장소에서 내가 주도하고 마음대로 뭔가 해볼 수 있었던 것이 좋아서였다. 힘들면 그냥 가다가 쉬어가면 되었다. 오랫동안 전시장을 맘껏 누비며 다녀도 누가 재촉하거나 다음 일정을 소화해야 한다고 채근하지도 않았다. 모든 공간과 시간이 날 위해 존재하는 것 같은 기분에 들떠 있던 기억이 선하다.

회사에서, 가정에서, 사회에서 부여받는 역할과 책임이 있다. 회사에서는 책임질 일이 많은데 통제권이 없어 답답하다. 집에서는 아빠로서 남편으로서 필요한 일이 있다. 티 나지 않지만 없으면 안 되는 일들. 혹자는 가족을 위한 희생이라고 생각하면 힘들어지기 때문에 자기를 위한 일이라고 생각하라 충고하지만 생각처럼 쉽지는 않다. 군말하지 않고 그런 책임들에 대해 나름대로 충실하게 잘 살아왔다고 믿었는데, 병원 한가운데 누워 나는 누구, 여긴 어디를 떠올리는 것을 보니 정작 자신은 별로 챙기지 않은 모양이다.

누구나 그렇게 살아가는데 그게 대수냐 할 수도 있겠다. 매번 특별한 무엇을 해야만 삶이 풍요로워지는 것은 아니지만 그렇다고 무미건조한 하루하루를 보내는 것이야말로 더 의미 없지 않을까? 버킷 리스트를 작성해두어야겠다. 이렇게 갑작스러운 시간이 주어지면 당황하지 않고 해보고 싶었던 것을 할 수 있게, 나를 위한 시간으로 채울 수 있게.

좋은 얼굴이 되고 싶어

◇◇◇◇◇◇

지난주 아이의 짧은 방학이 있었다. 재택근무를 하느라 일찍 일어날 필요 없이 하루를 약간 게으르게 시작했다. 아이 도시락 준비 때문에 아침에 일어나면 조용히 먼저 주방으로 가야 했던 아내도 침대 위에서 뒹굴뒹굴하며 시간을 보냈다.

덕분에 며칠 동안 갓 자고 일어난 아내의 얼굴을 반갑게 볼 수 있었다. 막 깨어난 아내의 얼굴을 가만히 들여다보았다. 화장기 없이 차분하고 얌전해 보였다. 세상 착한 얼굴이다.

"참 착해 보인다."

그녀의 얼굴을 보면서 떠오른 생각이다. 나도 모르게 아내 앞에서 바로 말을 해버렸다. 내 얘기를 듣더니 아내가 웃으며, 그럼 다른 때는 안 착해 보인다는 거야?라고 묻는다. (또 한 번 나도 모르게) 동의의 고갯짓을 했다. 평소 낮에 보는 얼굴과 잠을 푹 자고 일어난 그녀의 인상은 같은 얼굴이지만 느낌이 다르다. 그냥 하는 말이 아니라 진짜 그렇다!

언젠가 50대 임원들의 얼굴을 한번 잘 살펴보라는 이야기를 들은 적 있다. 웃는 상이 아니라 항상 수심에 가득 차거나 인상을 찌푸린 상태라는 것이다. 그 얘기를 들은 후 미팅이 있을 때 가만히 관찰해 보니, 과연 그 말 대로 미간에는 주름이 졌고 입술은 불독처럼 양 끝이 내려와 앉았다. 나 지금 불만이 많아, 그런 인상이다. 과거에 바로 옆에서 모셨던 상무님의 얼굴도 늘 그랬다. 연봉과 직위는 높으나 행복이란 어디로 사라져 버린 그런 얼굴. 일하는 즐거움은 잊어버리고 성과에 대한 스트레스로 변한 인상을 보고 있으면 나도 저절로 따라하다가 변할 것 같았다. 그 이후 임원들과 회의를 할 때면, 비록 깨지거나 혼나는 날이 있더라도 조금 덜 상심한다. 그들이 안쓰럽기 때문이다.

회사를 떠난 임원들이 대부분 듣는 첫 인사가 '얼굴 좋아지셨네요'라는 말이란다. 왜 그런지는 익히 이해가 가고도 남는다. 무언가 보여줘야 하는 그들의 부담감을 내가 감히 다 이해할 수 있겠는가? 불안한 마음의 짐은 고스란히 얼굴에 다 묻어난다.

미국 대통령이었던 링컨은 나이 마흔이 넘으면 자기 얼굴에 책임을 져야 한다고 했다. 얼굴이 주는 인상은 중요하다. 그 사람이 어떤 인생을 살아왔는지 보여주는 바로미터이다.

긴 잠을 자고 나면 잠시 동안이지만 아무런 잡념이 없다. 마음속 어딘가 작게라도 숨겨 둔 근심 걱정을 잊거나 털어내었기에 얼굴에도 평온함이 드러나는 것이리라. 아내의 얼굴을 보며, 난 평소에 어떤 인상으로 지내는지 궁금하다. 모르긴 몰라도 무뚝뚝하고 살짝 인상 쓴 채로 생활하는 것은 아닐지. 가만 생각해 보니 하루에 몇 번이나 소리 내어 웃는지 생각이 나질 않는다. 내심 따라 할까 봐 경계했던 불독형 입꼬리 처짐을 하지는 않는지 두렵다.

나이가 들었을 때 미간에 주름 가득한 괴팍한 인상을 갖고 싶지는 않다. 마치 매일매일 숙면을 취해서 마음속 깊이 고요함과 평화로움이 가득 찬, 그런 선한 인상으로 살아가고 싶다. 아내에게, 아이에게, 동료들에게, 나를 보았을 때 그저 빙그레 웃게 되는 좋은 얼굴을 갖고 싶다.

°애써 지키지 않아도 되는 관계라면

◇◇◇◇◇

삶의 방향은 원하는 대로 아름답게만 흐르지 않는다. '너 없이는 죽고 못 살겠어.' 하던 연인 사이도 작은 균열 하나로 시작해서 파국을 맞게 된다. 사귈 당시엔 서로가 행복한 꿈을 함께 꾸지만 헤어질 땐 지나치는 남보다도 못한 사이가 될 수 있다. 내가 원하는 방향과 속도로 삶을 꾸려낼 수 있다면 좋겠지만 대부분의 경우 시류에 휩쓸려 이렇게 저렇게 부유하는 것 또한 알 수 없는 인생의 단편이다.

누군가와의 좋은 관계를 유지하기 위해 노력하는 태도를 갖는 것, 타인과 관계를 위해 내가 가고 싶은 방향을 적당히 포기할 줄도 아는 것이 어쩌면 성숙한 어른의 모습이라고 생각해왔다. 내 마음이, 그리고 누군가와의 관계가 어느 쪽이든 설정된다면 의식적으로 지키는 노력이 필요하다고 말이다.

그런데 그 생각이 바뀌어간다. '(피동적인)관계 지향적 사고'에서 탈피할 필요성을 느낀다. 상대를 위한다는 명분으로 나를 포기하는 것이

과연 얼마나 가치가 있는지 질문을 해 보자. 그럴 땐 역으로 상대는 나를 어떻게 대하는지 함께 고려해야 좋은 답이 나온다는 것을 알게 된다. 대상이 되는 사람이 배우자인지, 가족인지, 친구인지, 동료인지, 상사와 부하의 관계인지, 교수와 대학원생인지에 따라 질문의 폭과 깊이, 그리고 답변이 달라진다. 단적으로 나의 생사여탈권을 지닌 사람에겐 지고 들어갈 수밖에 없는 게 또 우리 인생의 서글픈 모습이니까 말이다.

그런 수동적 마인드에 절어 있었던 걸까? 삶이 한쪽으로 치우쳐 지내는 것을 당연히 받아들이려고 했다. 갈등을 만드는 것은 지양하는 편이다. 관계가 힘들어지는 것을 경계하는 제일 중요한 이유는, 어쩌면 마음이 불편해지는 것을 감당하기 어려워서였다. 완벽한 나를 만들어야 한다는 셀프 이미지에 금이 가는 것이 싫어서였다. 계속 볼 사람인데, 괜히 내가 나쁜 사람처럼 인식되는 것이 싫어서, 좋은 게 좋은 거니까. 그리고 그것을 지키는 수단의 하나로 '적당한 나의 희생 또는 무례한 상대를 받아줌'을 당연하게 생각했던 마음을 이제는 바꾸려고 한다. 윤상의 노래 중에 〈사랑이란〉 노래가 있다. 오래전부터 좋아해온 노래로 가사가 아주 섬세하고 삶을 관조하는 맛이 있는데, 딱 적당한 표현이 있어 소개한다.

애써 지켜야 하는 거라면
그건 이미 사랑이 아니지

대중가요의 특성상 남녀, 연인 사이의 관계를 지칭하지만 더 넓게는 인간관계에 적용하고 확장해보는 것이 어렵지 않다. 애써 지킬 필요가 있도록 내가 불편함을 감수할 만큼 희생을 요하는 관계라면 바람직한 모습은 아닐 것이다.

앞선 대전제 – 관계의 방향성 설정 – 를 바꾸면 된다. 관계는 늘 틀어질 수 있는 것이라고 가정해보자. 마음 어딘가에 풀리지 않을 정도로 꽉 조여준 나사 한두 개를 풀어 여유를 두면 억지로 지키고 싶어 하는 내 마음도 분명 덜 불편해진다. 그 사람이 나를 좀 싫어 하면 어때, 이렇게 말이다. 처음부터 쉽지는 않을 것이다. 그러나 좋은 관계의 유지가 사회적으로든 개인적으로든 필요하다고 믿는 대상이 있다면, 반드시 상호 배려라는 장치가 작동하는지 확인해보자. 마음을 보호하는 선을 넘어오는 사람에겐 자리를 주지 않기로 마음먹는다. 무례함을 호의로 대하지 말자. 상대의 무례함을 무조건 너그러이 받아주지 않는 것도 나를 소중히 여기며 지키는 방법이다.

°왜 나를 찾아야 할까

◇◇◇◇◇◇

세상엔 챙겨야 할 일들이 참 많다. 아침에 일어나면 어제 미국 주식장은 어땠는지부터 살펴본다. 출근해서는 처리하지 못한 일들과 답장해야 하는 이메일을 쭉 챙겨야 한다. 회의 시간이 다가오면 어젠다가 무엇이었는지, 내가 미리 준비해야 할 것은 없는지 챙김이 필요하다. 화장실에 있는 시간에는 한국 주식장도 들여다보는 수고로움도 필요하다. 가끔 아이 학교에서 오는 알림장도 열어봐야 하고, 점심시간에는 부지런히 브런치 작가님들 글도 챙겨서 봐야 한다. 집에 와서는 저녁 챙기고 밥 먹은 후엔 체력 떨어지지 않게 운동도 해야 한다.

그러고 보니 챙기는 것이 이렇게나 다양하고 많은데 정작 "마음"을 챙기는 행위는 거의 없었다.

회사에서 주최하는 마음 챙김 프로그램을 수강했다. 제목 그대로 하루 동안 다른 무엇도 아닌 마음을 챙긴다. 남의 것이 아니라 내 마음을 잘 들여다보자는 취지다. 단순 명료하다. 그동안 저기 한구석에서 챙겨주길 바라고 있던 마음, 내면을 들여다보는 기회라니 참으로 고맙다. 방법은 간단하다. 바로 명상이다. 명상이 정신 건강에 좋다는 것은 익히 들어서 알고 있었지만 시간 내서 배워본 적은 없다. 이번에 배운 명상의 방법은 의외로 간단했다. 나에게 특히 유용했던 것은 '숨'에 집중하는 것이었다. 숨 쉬는 것에만 잠시 집중해도 혼란스러웠던 마음이 가라앉는 것을 느꼈다.

선생님은 마음 챙김이란 '알아차림'이라고 했다.

알아차린다는 것은 거창하게 메타인지라고 부를 수도 있으나, 어떤 상황에서 나의 감정들이 어떠한지를 인지할 수 있음이다. 화가 날 때 무턱대고 화를 버럭 내버리는 것이 아니라 화가 나고 있음을 알아차리는 것이 이 개념의 핵심이다. 그럼으로써 화를 낼지, 이번에는 참아볼지, 아니면 다른 방법으로 해소할지 등을 스스로 선택할 수 있게 되는 경지를 의미한다.

과정을 진행하면서 마음을 알아차리는 것은 결국 자아에 더 깊게 다가가는 질문이라고 생각되었다. 문득 왜 나를 찾는 과정이 필요할까 궁금해졌다. 나란 사람은 늘 그 자리에 있었는데 말이다. 그것은 '나'에 대한 규정이나 정의를 할 때 자신에게 주도권이 있지 않고 주변을 통해 재정의 되기 때문이란 생각을 했다. 같이 수강한 어떤 분이 회사에서의 타이틀 – 어느 부서의 누구누구 – 이 아니라 OOO이라는 사람으로 자기를 알아가고 싶다고 했다. 우리는 주변 환경을 통해 자기를 정의하는 경우가 많다. 누구 아빠, 어느 팀 아무개, 어디 사는

OO처럼 말이다. 가정에서는 아빠와 남편으로, 회사에서는 리더이자 부하로, 사회에서는 40대 중년의 이름으로 각각 원하지 않아도 역할과 책임을 부여받는다. 나의 바람과 필요보다는 남들의 바람과 기대(혹은 편견) 속에서 인간 OOO의 모습이 만들어졌다. 그렇게 살다 보니 자연스럽게 나를 잃어가는 시간과 상황이 생긴다.

그래서 가끔은 달리던 길을 멈추는 것이 필요하다. 다른 사람과 비교하지 말고 이런저런 계급장 다 내려놓고 자연인으로서 내면을 들여다볼 필요가 있다. 나를 정의하는 건 타인의 시선이 아니란 걸 알면서도 지키기 어렵기에 더욱 의도적인 훈련을 해야 한다. 그것이 명상의 선의가 아닐까 싶다.

수강 중에 마음 챙김의 목적, 알아차림의 끝은 사회와 타인으로부터 완벽히 자신을 보호할 수 있는 든든한 심리적 울타리를 만드는 것이라 하였다. 울타리라는 표현이 마음에 든다. 울타리는 벽과 달라서 안이 들여다보이면서도 내 것의 경계를 설정하고 안정감을 준다. 하루의 수업으로 갑자기 달라질 수 없다. 그렇지만 마음과 감정에 대한 알아차림이 얼마나 바람직하고 매력적인 것인지 배운 것만으로도 뜻깊은 시간이었다.

°나는 임포스터였다

◇◇◇◇◇◇

어몽어스라는 게임이 한때 유행했다. 온라인에서 즐기는 일종의 마피아 게임인데 중요한 캐릭터로 등장하는 것이 바로 임포스터이다. 일반인 사이에 끼어 있는 가면을 쓴 사람으로, 이 게임의 빌런이다.

리사 손 작가의 책 제목인 『임포스터』는 전혀 다른 이야기를 다룬다. 임포스터는 가면을 쓴 캐릭터는 맞지만, 빌런이 아니라 완벽하지 못한 자기를 감추려고 애쓰는 평범하고 소심한 전형을 가진 인물이다. 부족한 자기를 드러내면 안 되기 때문에 역설적으로 남들이 보기엔 완벽주의자의 모습을 갖고 있다. 남들 눈에 능력 좋고 사회적으로 성공한 사람처럼 보임에도 스스로는 실력을 믿지 못하고 '운이 좋아서' 현재의 성취를 이뤘다고 믿는다. 자존감의 부족이라고 불러야 할지도 모르겠다. 책을 읽으며 나는 임포스터라는 결론을 내렸다.

나의 임포스터 성향은 언제부터였을까? 이 책에서는 임포스터인 부모 밑에서 아이들도 그런 영향을 받는다고 주장한다. 나는 학위 과정에서 임포스터적 성향이 강화되었다는 판단을 내려보았다. 박사 학위를 마치는 시간이 너무 어려웠다. 혼자 똘똘하게 뚜벅뚜벅 어려운 학위 과정을 밟아갔다고 볼 수 없다. 누군가의 도움을 받아야 했고, 그 과정과 결과가 내내 마음의 짐이 되었다. 남들은 모르지만 속으로는 늘 '얼떨결에 따낸 박사'라는 내면의 수식어가 따라다녔다. 다른 박사 선배들의 학위 논문에 비해 얇기만 했던 나의 그것은 더욱 그런 생각을 확고하게 만들었다. 그래서 심지어 회사에 들어와 박사라고 소개할 때면, '저는 날라리 박사예요'라는 말을 농담처럼 하곤 했다. 박사라고 하면 떠올리는 이미지, 주변의 박학다식한 다른 박사들의 모습에 비해 늘 아는 것이 모자랐고 경험이 부족했다(고 자책하곤 했다).

임포스터는 자기가 못하는 것을 남들에게 보이지 않으려고 애쓴다. 이 자리를 빌려 갑자기 고백하자면 나는 꽤 커서도 자전거를 타지 못했었다. 마흔이 넘어서야 자전거를 배우게 되었는데 나이 들어 배워서 그런지 능숙하게 운전하지 못한다. 어른이라면 누구나 할 수 있을 것 같고 해야만 할 것 같은 것을, 어렸을 때 적당한 시기를 놓친 이후엔 부끄럽고 민망해서 차마 탈 수 없다는 사실을 입 밖으로 내지 못했다. 그러면 안 되니까, 남들에게 완벽한 사람이어야 한다는 강박이 있었으니까 더욱 그랬다. 간혹 누군가와 자전거를 타야 하는 기회가 생기기라도 하면 어떻게든 피해야 했다.

글쓰기도 그렇다. 책을 냈지만 어쩌다 운이 좋아서라는 생각을 지울 수가 없다. 브런치만 봐도 공력과 필력이 남다른 작가들이 차고 넘친다.

내가 팔로우하는 작가들의 글은 포스팅될 때마다 높은 횟수의 '좋아요'나 댓글이 늘 달리고 브런치 메인에서 자주 눈에 띈다. 물론 글을 잘 쓴다는 것과 대중성, 또는 출간이라는 공식이 맞는 것은 아니다. 다만 출간 이후에 글을 쓰면서 나의 글감이 떨어질까 걱정이라도 들라치면, 거봐 내 글이 대단한 것도 없는데 책을 냈으니 운이 좋았군, 실력은 별것 없다는 두려움에 빠지기도 했다. 신경 써서 다듬고 다듬어낸 글에 별다른 반응이 없을 때면 확증편향은 더 강해졌다. 전문적인 작가가 아님에도 운과 실력에 대한 의구심을 버릴 수가 없다. 임포스터로 사는 것은 어떠한가. 남들에게 완벽해 보여야 하기 때문에 자연스럽게 노력을 하게 되니 그에 따른 적절한 성취를 하게 된다. 하지만 그런 만큼 늘 긴장하고 불안한 감정이 함께하는 것을 느낀다. 일처리를 잘 해내야 한다는 강박이 있다.

내 아이에게도 그런 성격이 일부 나타나는 것을 관찰할 때면 소스라치게 놀란다. 성격 형성에 유전적 요인도 있겠지만 자라는 과정에서 부모에 의한 양육의 영향이 더 클 것이다. 살아가는 데 스스로 힘든 상황을 거쳐야 하는 것이 대물림되는 것은 아닌가 싶어 미안하고 안쓰럽다.

MBTI 열풍은 무리 속에서 자기 자신을 정의하고자 하는 욕망을 대변해주는 것이라 생각한다. 긍정적으로 보면 어떤 유형에 대해 좋고 나쁨의 문제가 아니라 나는 나, 너는 너라는 입장을 다룸으로써, 다른 사람을 존중하고 조화로운 우리를 만들기 위한 이해의 틀을 갖추는 데 기여한다고 본다. 비슷한 관점에서 임포스터이즘(임포스터 성격)은 나쁜 것이 아니라, 누군가의 삶의 태도 정도로 이해할 수 있다. 『임포스터』라는 책을 통해 임포스터 성향이 있는 사람이 주변에 있다는 것, 그리고 나 역시 그런 성격을 가진 사람임을 깨달은 것이 가장 큰 수확이다.

언젠가 주변인 중에 자전거 타지 못하는 걸 이야기하는 사람을 보며 용기 있다고 생각했었다. 그의 고백을 듣고 못났다거나 실망하지 않았던 나의 마음이 떠올랐다. 놀랄 만큼 우리는 타인에게 큰 기대가 없는 것이 아닐는지. 그러니 완벽하지 않을 용기, 그걸 남에게 보여주는 것이 결코 나를 무너뜨리거나 망치는 것이 아님을 인정하는 자세를 가져보겠다고 다짐한다. 그리고 성공에는 운도 있지만 그걸 위한 보이지 않는 많은 노력이 쌓여 이루어질 수 있었음을 인정하려고 한다. 결국 나를 가장 사랑하고 신뢰해야 할 사람은 그 누구도 아닌 자신이니까.

°애플워치 에르메스를 원한 이유

◇◇◇◇◇◇

"나 생일 선물로 받고 싶은 것이 있어. 애플워치 에르메스."

아내의 물음에 나는 이렇게 답했다.

애플워치 에르메스 버전(두 회사의 컬래버레이션으로 출시된 에디션)은 유독 오래전부터 갖고 싶었다. 그러나 그러지 못했다. 비싼 가격만큼 지불의 가치가 있느냐는 질문에 내가 봐도 '아니오'라는 답변이 나왔기 때문이었다. 시계라는 기능에 충실하면 그만이지, 그 이상의 가치를 브랜드의 이름에 부여하는 것이 지나쳐 보였다.

새 제품보다는 중고 제품을 들이는 경우가 꽤 있다. 단순 개봉품부터 적당한 감가상각이 더해진 중고를 잘 찾으면 새것 같은 것을 적절한 가격에 구할 수 있기 때문에 선호하는 편이다. 당근이나 중고나라에서 검색하여 원래 가격보다 최소한 10~20만 원 정도 낮은 가격에 원하는 사양을(때로는 원래 주인이 추가로 구매한 것까지 더해서) 가질 수 있다. 그런데 어쩐 일인지 이번에는 그러고 싶지 않았다. 뭐랄까, 이 비싼 것을 꼭 제 가격 주고 사고 싶은 그런 욕심이 생겼던 것이다. 그리해야 나를 위한 선물을 제대로 준비한다는 생각이 들었다.

　나이가 들면서 사소한 것에 괜히 마음이 상하고 허전함을 느낀다. 더 현명한 사람이 되기보다 오히려 내 것 챙기려는 욕심만 늘고, 다른 사람에게 한 소리 듣기는 죽기보다 싫어지는 것이 희한하다. 남들의 시선은 신경 쓰면서도 되려 생각과 행동은 더 경직되고 있다. 모든 경우라기보다는 어떤 특정한 상황에서 더 심하게 극단으로 몰리는 기분이다.

　특히 50살이 가까워 오면서 '나는 누구인가?'라는 존재론적 질문과 함께 삶의 허무함, 직장 생활의 공허, 일상의 무력감이 나를 감싼다. 앞만 보고 달려왔나 보다. 자신과 타인을 위해 보냈던 시간과 노력이 어떤 의미가 있는지 이젠 잘 모르겠다. 책임질 것, 해야 할 것, 해야만 한다는 압박을 느끼는 것, 그리고 판단의 기준이 내가 아닌 '우리' 또는 '다른 누구'인 환경들이 버겁다. 이런 작은 생각과 경험에서 오는 상실감이 켜켜이 쌓여 눈덩이처럼 하나로 불어나버린 것일까? 얼마 전에는 극심한 우울감이 찾아와 깜짝 놀라게 되었다. 잠시 동안이었지만 가볍게 왔다가 사라지는 감정으로 치부할 수준이 아니었다.

　이런 기분을 적절하게 해소하는 행위가 하필 비싼 물건을 사는 것이어야 하는지는 논리적으로 설명하기 어렵다. 하지만 쇼핑이 스트레스 해소에 도움이 되는 것은 확실하다. 출시될 때부터 갖고 싶었던, 그러나 가지지 못했던 무엇에 대한 열망을 이차에 핑계 삼은 것인지도 모른다. 그것도 아니면 의기소침해지고 즐거운 것에도 슬픈 것에도 별다른 감흥을 느낄 수 없을 만큼 감정이 무뎌지는 나를 억지로 끌어 올리기 위해 '지금 당장 무엇이라도 네가 원하는 것을 하나 해봐'라는 내면의 소리가 마침 들려왔고, 그에 응답하기로 마음먹은 것이다.

그래서 평소와 달리 중고제품이 아니라 아무도 손대지 않았던 멀끔한 새 제품을 사기로 결심했다. 살다 보면 어떤 행동을 하는 데 있어 논리적이고 이성적으로, 그럴 만한 가치가 있는지에 대한 이해와 설득이 불필요한 순간이 찾아온다. 그저 어린애처럼 갖고 싶은 걸 이제라도 손에 꼭 넣고 싶은 것뿐이다. 눈치 보지 말고, 안 되는 이유 찾지 말고, 한껏 나를 위한 소비를 하는 자유의 기분을 만끽하라고 말이다.

주문을 하고 나니 이게 대체 뭐라고, 지난 몇 년 동안 그렇게 어려운 일이었던가. 답답했던 마음에 작은 구멍 하나가 시원하게 뻥 뚫린 기분이다. 작은 틈 사이로 '욕망에 솔직함'이라는 감정의 바람이 드나들길 바라본다. 행복할 수 있다면 이성적 판단을 무시한 채, 감정이 우선하도록 내버려두는 것도 그리 나쁘지만은 않다.

°자기애가 필요한 때

◇◇◇◇◇◇

회사에서 성장과 승진만 있다면 참 좋겠지만 현실은 녹록지 않다. 의지와는 상관없이 자존감이 바닥으로 떨어지는 때가 있다. 착실하게 진학과 합격, 승진의 길을 걸어오던 사람이었기에 올라갈 줄만 알던 사다리에서 멈추거나 내려오는 것은 낯설다. 좌절의 맛은 익히 예상하듯, 쓰다.

듣기 싫은 말 중 하나는 'OO님은 그때 팀장이 되셨어야 하는데'라던가 '네가 우리 동기들 중에 제일 먼저 팀장이 될 줄 알았어'라는 것이다. 적어도 전에는 가능성이 높았다. 팀장이 목표는 아니었지만 조만간 자연스럽게 도달하게 되는 자리라고 생각할 정도였던 것이 사실이다. 남들이 인정해줬고 나도 그리 생각했다. 늘 문턱에서 자리가 나오기를 기다리는 쩜오(2인자)의 위치.

처음에는 미끄러지니 당황스러웠지만 다음 기회가 오겠지, 부족한 면을 개선하고 바꿔야겠지…… 이런 생각을 했다. 그러나 원하지 않는 상황이 몇 번이고 반복되면 더 이상 기회는 오지 않을 것이라는 믿음이 강해진다. 이때가 자존감이 확 떨어지는 시점이다. 친하게 지내던 무리가 있었는데 공교롭게도 나를 제외하고 모두 팀장으로 승진을 했다. 별생각 없이 함께 웃고 떠들다가도 갑자기 스스로 초라해지는 감정에 휩싸인 적이 여러 번 있었다. 자존감의 하락은 대인관계를 어렵게 한다.

열심히 달리는 것 같았지만 나만 제자리이고, 다른 이들의 추월을 바라만 보는 기분은 솔직히 참 별로였다. 나를 바꾼다고 뭐가 달라질까? 리더십에 대한 책은 왜 봤을까? 술자리나 담배 피우는 곳에 어슬렁거리면 기회가 좀 올까? 뭔가 개선의 여지에 매달리고 상황을 반전시킬 수 있는 기회를 엿보는 것이 구차했다. 이런 고민에 빠지던 시기에 해외로 근무지를 이동하게 되어 물리적으로 현장에서 완전히 분리될 수 있었다. 원거리 연애를 하면 연인 관계를 유지하기 어렵다 한다. 안 보면 멀어지는 것은 사랑하는 사이에서만 있지 않다. 회사를 떠난 것은 아니지만 늘 지지고 볶던 현장을 벗어나 있으니 마음이 차츰 달라졌다. 자주 보고 마주쳐야 했던 사람들을 떠나니 편해졌다. 혹시 나는 회사와 짝사랑을 하던 사이였던 것은 아닌지.

해외 근무를 하던 중에 팀장 자리가 난 적이 있다. 혹자들은 '네가 그때 한국에 있었으면 될 수 있었을 텐데'라는 말을 했다. 절대 그럴리 없었을 것이다. 맞는 자리도 아니고 명분 또한 적었다. 차라리 이럴 때 남들의 시선에서 벗어나 덜 상처받게 되어 다행이었다. 아무도 신경 안 쓰지만 자기가 괜히 의기소침해지면 더 슬프다. 그때 그 자리에 없었다는 명분이라도 있으니 괜찮았다. 어려운 단계를 겪으면 마음이 단단해진다고 하지만 오히려 무뎌진다는 것이 더 적합한 것 같다.

대신 배운 것이 있다. 스스로를 객관화해서 보는 것, 나를 마주하는 것의 중요성이다.

어떤 일이 벌어지는 현장(상황)에 몰입되어 있는 상태에서 만약 뜻대로 흘러가지 않으면 주변과 남을 탓하기 쉽다. 아예 거길 떠나보니 자연스레 제3자의 입장에 서게 되었다. 전지적 시점이 되면 왜 그렇게 복작거리고 안달이 났을까 질문하고 답을 찾게 된다. 혹시 이 글을 읽는 분들 중에 회사 일로 자존감이 떨어진 상태라면, (어렵겠지만) 자신과 상황을 객관화해보라고 조언해주고 싶다. 감정적으로 덜 다치고, 매몰되는 자신을 구해낼 수 있다. 회사나 상사가 나를 인정하고 안 하고는 중요하지 않다. 지금 회사를 떠나더라도 어떤 업을 할 수 있는 사람인지, 전문성과 경쟁력은 어디에 있는지 집중하자. 내부적인 경쟁속에서 판단력이 흐려지는 것을 막을 수 있다.

한 상사가 술자리에서 나와 다른 분을 앞에 두고 이런 말을 했던 적이 있다. '너(다른 분)는 너무 가슴으로 일을 하고, 너(나)는 너무 머리로만 일을 한다'라고. 그의 판단과 평가에 동의하든 안 하든 남들이 나를 어떻게 바라보는지 생각해보게 된 계기였다. 늘 그렇듯 술자리에서는 '아우, 반성하겠습니다'라고 했었던 것 같은데 지금에 와서 보면 괜한 대답이었지 싶다.

지금은 그런 것이 내 업무 스타일이고, 앞으로도 그렇게 할 것이라고 고집하려고 한다. 있는 그대로를 인정하면 그만이다. 내가 아니면 누가 나를 이해하고 사랑해주겠는가. 자신을 관조해보는 시간과 기회를 통해 회사에서 당할 수 있는 자존감의 히락을 막아보자. 다른 이들의 평판이 중요하긴 해도 상사나 회사에 맞춰서, 평판을 위해서 일하는 것이 아니도록 말이다. 자기애를 듬뿍 발휘하자. Love myself.

°마흔, 독서는 생존 때문이었다.

◇◇◇◇◇◇◇

마흔쯤 되었을 때이다. 중요한 발표 후, 높으신 분과 저녁 식사를 하게 되었다. 회사 내에서 직급이 상당히 높은 사람과 대화한다는 것, 특히 식사 자리는 캐주얼하면서도 업무의 연장선이기 때문에 편하진 않다. 긴장을 놓을 수 없다. 그러나 단지 직급이 가장 높은 분의 옆자리에 앉았다는 부담감 때문만은 아니었을 것이다. 두어 시간 동안 이어진 식사에서 마땅한 이야기를 끌어내지 못했던 내 처지에 대한 절망감은 충격이었다. 다른 분들의 유연한 대화 기술을 훔쳐보면서 깨달은 것이 있다. 나란 사람은 일에 대한 역량은 어느 정도 갖추었는지 몰라도, 상식을 비롯해서 사회를 살아가는 한 인간으로서 준비는 많이 부족하구나.

갈수록 내 일을 벗어나 다른 사람과의 접점이 늘어날 것이므로 대화를 끊이지 않게 만드는 풍부한 주제나 지식은 필수적이다. 멋진 말솜씨를 갖고 싶은 욕심보다는 적절한 이야기를 할 수 있는 사람이 되고 싶었다. 달변이 개인의 매력을 높여줄 수는 있어도 진정성은 깊이에서 나오는 것이라 믿었다.

경험과 상식의 부족을 극복하는 좋은 방법은 독서라고 배웠다. 진득하게 하다 보면 진정성이라는 깊이도 생길 것이라 생각했다. 우선 '3년 책 읽기'를 목표로 삼았다. 절대량이 중요한 것은 아니지만 목표가 없으면 동력과 지속성을 갖기 어렵다. 그렇다고 다독을 목표로 연간 100권, 200권을 읽으려고 하는 건 안 하겠다는 것과 마찬가지였다. 연간 100권을 읽는다고 해보자. 일 년이 52주니까 주마다 2권 정도는 읽어야 한다!(읽는다는 것의 정의를 완독이 아니라고 한다면 가능할 것도 같다.) 욕심만 부렸다가 괜히 좌절하고 나는 안 돼, 하는 실망감만 얻기 싫어 아주 현실적인 목표를 세웠다. 달마다 2권, 그러면 최소 24권인데 조금 노력하면 30권 정도는 가능하리라 믿었다. 실제로 3~40권을 읽는 해도 있었다. 몇 년간 다소 동기를 잃었다가 요즘 매월 2권의 책을 읽는다. 『스몰 빅: 작은 성공을 반복하라(The motivation myth)』(제프 헤이든)이란 책에서 주장하듯, 좋은 동기 부여의 끝에는 반드시 실행이 필요하고 작은 성공을 통해 성취감을 얻는 것이 중요하다.

정량적 목표를 달성하는 것과 별개로 책을 읽음과 동시에 갑자기 확 성장한다는 느낌은 없다. 목적성 있는 독서의 한계이자 난관인 지점이다. 노력하고 있다, 달라지려고 한다는 의지를 스스로 확인하는 과정이 반복되는 것이 현실이다. 보상이 눈에 보이지 않게 되면 왜 이걸 했냐는 자조적 질문을 던지게 마련이다. 언제 다시 올지 모르는 회식 자리를 노려야 하는 건 무모하다. 그러면 나는 과연 책 읽기에서 작은 성공을 이룰 수 있을까? 성공의 기회는 의외의 상황에서 실현되었다. 사내 게시판에 동료들에게 추천하고 싶은 책을 제안해 달라는 글이 있었고, 마침 독서에 빠져 있던 때라 이런 거라면 자신 있지 싶어서 읽었던 책 중 몇 권을 추천할 수 있었다. 책을 읽지 않았다면 내가 아닌 다른 누군가의 댓글만을 보며 '책 좀 읽어둘걸.' 하고 자책만 했을 것이다. 당장 손에 쥐어지는 것이 없어도 이렇듯 어느 정도 축적이 이루어진 후에는 아는 것도 좀 생기고 어디 가서 '이 책에 따르면~' 하고 썰 좀 풀어보는 기회를 얻게 되기도 한다.

독서가 중요하다는 것을 모르는 사람은 없다. 다만 책을 읽는 행위는 다분히 의식적인 것이라 에너지를 써야 한다. 시간을 내야 한다. 책이나 전자책 단말기나 스마트폰 또는 태블릿을 들고 활자를 따라 읽으며 머리는 정보를 처리해 내느라 편히 쉴 수 없다. 유튜브의 알고리즘이 안내하는 대로 떠돌다가 한 시간 이상을 소비하는 것보다 '생산적'이라는 자기 위안은 될지언정 시도와 지속의 의지 역시 필수적이다. 문명을 이루는데 지식의 축적과 전달이 크게 기여했음에도 여전히 독서는 진화론적 관점에서 낯선 것이란 주장이 있다. 하긴 인류의 발전 과정을 하나의 긴 연대기로 늘어놓으면 현대 인류는 끝에 있는 점에 가깝다. 조금 다른 이야기지만 『멋진 신세계』(올더스 헉슬리)에 보면 끔찍한 장면이 묘사된다. 어린아이 때부터 지속적으로 계급과 할 일에 대해 주입한다. 정보가 깊숙하게 잠재되는 것이다. 이렇게 강제로 세뇌하지 않는 이상 인간의 유전자와 생활 패턴에는 아직 책을 읽는 것이 내재되기 어렵겠다는 극단적 상상을 해본다.

그러므로 독서하지 않는 나를 지나치게 자책하지 말자. 작게 시작하면 된다. 너무 높은 목표 대신 현실적인 대안을 마련해보자. 지나치게 목적에 목매지 말자. 책 읽는 시간과 행위를 일상에서 만나는 것, 즉 독서의 생활화야말로 칭찬받아 마땅하다고 주장하는 바이다.

삶은 나를 찾아가는 과정의 합

◇◇◇◇◇◇

MBTI는 자기를 어떻게 정의할 것인가에 대한 16가지 분류이다. 나를 어떤 양식으로 정의한다는 것의 의미는 때론 자기 행동이나 판단의 정당성을 부여하고 싶은 의도의 기재이다. '난 ENFP니까 충동적으로 의사결정을 해도 이해(받을 수)가 될 거야, 저 친구는 ISTJ라 계획이 흐트러지면 안 되니까 조심해야겠네.' 이런 생각과 태도가 논리적으로 들리기도 한다. 흥미로운 성격 분석의 관점이지만 이런 인식이 강해지면 프랑스 작가 폴 부르제의 말마따나, "생각하는 대로 사는 것이 아니라, 사는 대로 생각하게" 될지도 모른다.

MBTI나 혈액형 성격을 빌어 자기 정체성을 정의하는 것은 남들에게 어떻게 보이는가를 나름의 합리성으로 설명하고 싶어 하는 인간의 본성을 반영하는 것이다. 우리는 남의 눈치를 많이 살피기 마련이다. 현대인의 불안을 다룬 『불안』(알랭 드 보통)에서 작가는 이렇게 말한다.

'다른 사람들의 관심이 중요한 것은 …… 우리가 날 때부터 자신의 가치에 확신을 갖지 못하고 괴로워할 운명을 타고났기 때문일지도 모른다. 그 결과 다른 사람이 우리를 바라보는 방식이 우리가 스스로를 바라보는 방식을 결정하게 된다. 자신의 정체성에 대한 느낌은 함께 사는 사람들의 판단에 좌우된다.'

이러한 이유로 우리는 남들의 시선과 사랑을 얻지 못하면 불안해진다는 말에 동의한다. 그만큼 타인의 사랑을 갈망하게 되기도 하고, 또 실망과 좌절을 겪기도 한다.

미국 Northeastern 대학의 홈페이지 자료 중에서 '8 differences between working in industry vs. academia'에 대한 주제를 다룬 것이 있다. 졸업 이후에 직업으로서 연구자를 고민하는 사람들을 위한 내용이다. 대학에서 뭘 이런 것까지 정리해서 올려놓았나 싶었는데 깊은 뜻이 담겨 있었다. 특히 인상적인 문구가 맨 마지막에 있다. 'Be true to yourself.' 다른 사람에게 보이는 나보다 스스로 정말 원하는 것이 무엇인지 솔직하라는 충고가 참 감사하다. 자기가 어떤 성격의 소유자인지에 따라 같은 연구직이라도 학교보다 회사가 더 나을 수도 있고 그 반대일 수 있다. 그걸 잘 찾아가야 하는 이유는 단순하지만 명확하다. 어떻게 일하는 것이 더 행복한 삶을 위한 것이냐를 결정하기 때문이다.

모건 하우젤이 쓴 『돈의 심리학』에 공감 가는 내용이 있어 소개해 본다. '당신은 왜 부자가 되지 못했는가'라는 자극적 부제는 마케팅을 위한 선택이었겠지만 오히려 이 책의 가치를 반감시키는 느낌이다. 그만큼 세상살이에 있어 새겨둘 만한 좋은 내용이 많다. 이 글에서는 '본인이 어떤 투자가인지 아는 것'의 중요성에 대한 얘기를 공유하고 싶다. 저자는 투자자가 스스로 장기 투자자인지, 단기 투자자인지, 아니면 데이 트레이더로 정의하는지에 따라 시장의 변화를 어떻게 받아들여야 하는지 말한다. 자신을 장기 투자자라고 생각한다면 일주일 사이에 등락을 거듭하는 시장의 변화에도 의연할 것이다. 어차피 시장은 계속 요동치는 법이다. 시간을 내 편으로 해서 우상향의 믿음이 있다면 일희일비하지 않는다.

살아가다 보니 자기가 어떤 사람인지 솔직하게 들여다보는 것, 그리고 스스로 자기 자신을 정의 내리는 것이, 얼마나 중요하고 본질적이면서 필수적인 질문인지 깨닫게 된다. 남들 보기에 좋아 보이는 것을 따라 해보기도 하고 명품이나 비싼 제품을 사면서 나의 격이 올라간 것 같은 착각을 한 적도 있지만, 남에게 드러나는 소비와 외형의 치장이 나의 본질을 바꾸는 것은 아니었다. 알랭 드 보통의 주장처럼 "중요한 것은 우리가 어떤 무작위 집단에게 어떻게 보이느냐가 아니라 우리가 우리 자신에 대해 무엇을 알고 있느냐 하는 것이다." 삶에서 중요하게 생각하는 것, 소중하게 여기는 것, 남들은 열광해도 거들떠보지도 않는 것, 놀려도 좋지만 이거 하나만은 건드리면 큰일 나는 일종의 역린 같은 것은 무엇인지 가만가만 생각하고 정리해보게 된다. 질문과 답을 통해 내 안의 가치를 찾고 있다. 그렇게 인생은 나를 알아가는 과정들의 총합으로 가득 차게 된다.

"때론 가지말라는데 가고 싶은 길이 있다."

°살리에르가 되기 싫어서

◇◇◇◇◇◇◇

이제는 제법 회사 내에서 내가 글을 쓰고 책을 낸 사람이란 사실이 공공연하게 알려졌다. 얼마 전에는 잘 모르는 후배에게서 메일을 받았는데 '브런치에 올려주는 글을 잘 보고 있다'는 내용이 있었다. 작가라는 말이 갖는 무게에 대해 다시금 생각해보는 계기가 되었다.

과거에 쓴 글이 흔적처럼 스스로를 옭아매기도 한다. 상무님이 모대학 교수와의 공동연구 제안에 대해 어떻게 생각하는지 의견을 달라는 메일을 보내왔다. 솔직하게 써야지 하면서 시작을 했는데 쓸 말이 많아지다 보니 괜히 부담이 되는 것이다. 글의 형식도 그렇고 내용도 그렇고, 남에게는 '이메일이란 이런 것이야'라고 훈계하면서 정작 자신은 멋대로 썼다가는 안 될 것이기 때문이다. 무릇 남의 흠을 잡기는 쉬워도 나를 거울에 비춰 보기는 어렵다. 특히 글 쓰는 사람이란 인식이 타인에게 생기고 난 뒤, 보고서에 더더욱 신경을 쓰게 되었다. 아내에게 보내는 카드 한 장에도, 학교에 보내는 이메일 하나까지 더 잘 보내고 싶은 마음이다. 누가 뭐라고 하지 않는데 괜히 신경을 쓴다. 다만 발전이 없는 수준에서 머물지 않을까 괜한 염려를 한다. 아마추어리즘에는 적당한 실수와 흠결이 있어도 괜찮다. 프로가 아니기 때문이다. 물론 그에 만족하다 보면 끝내 아마추어로 남는다. 어렸을 때 사진 취미를 할 때도 그랬다. 느낌과 감각으로 몇 장의 칭찬받는 결과물을 만든 적이 있지만, 몇 년의 시간을 보내며 어떤 수준 이상으로 넘어가지 못하는 자신을 발견했었다.

글을 씀에 있어서도 비슷한 걱정을 한다. 대단한 작가가 되겠다는 것이 아니라 양질의 좋은 글을 꾸준히 생산하고 싶은 욕심이 있다. 그에 비해 결과물은 어떤가? 내 눈엔 4, 5년 전에 썼던 글이나 지금 쓰는 글이나 비슷해 보인다. 글 쓰는 사람이라는 타이틀을 얻은 후 일을 대하는 태도, 삶을 바라보는 시선에서 무엇이 달라지고 얼마나 성장했는지, 글에 깊이는 더 생겼는지 솔직히 잘 모르겠다. 그저 꾸준히 쓰다 보면 좋아지려나 하는 막연한 기대감을 가지면 되는 것일까? 좌절하고 싶지 않아서, 내게 맞는 일을 꾸준히 가져가고 싶어서 더 처절하다. 천재는 99%의 노력이라지만, 1% 재능이 갖는 힘의 차이를 다른 작가들의 글에서 발견할 때면 세상이 불공평하게 보이기도 한다. 영화 〈아마데우스〉에서 묘사되는 것처럼, 살리에르가 모차르트에게 가졌던 분노와 그의 슬픔에 대해 전적으로 이해한다. 노력만으로 채워지지 않는 능력의 한계가 올 때가 있기 마련이다.

하긴 모차르트가 되지 못한다고 실패한 인생도, 실패한 작가의 삶도 아니다. 모차르트는 세상에 단 한 명이었으니까 말이다. 그러나 아마추어의 한계를 넘어선 나를 발견하고 싶은 욕심을 가져본다.

°하기 싫은 일을 이겨내는 꾸준함의 이유

◇◇◇◇◇◇

애플 워치를 차고 다닌 지 몇 해째다. 새로운 달이 시작되면 미션이 주어진다. 매일 운동하기 20분 이상, 한 달 칼로리 소비 13,000 이상, 일어서기 20회 이상 등등이 그것이다. 달성하면 잘했다고 도장 꽝 찍어주는 것처럼 메달(배지)을 준다. 실물이 있는 것도 아닌데 별것 아닌 그것에 매료되어 지난 3월부터 10월까지 배지를 차곡차곡 쌓았다. 매일 5km 이상 걷기라는, 어려웠던 10월 미션을 마쳤다. 이에 비해 11월 미션인 매일 15분 이상 운동하기는 상대적으로 쉬워 보였다. 그렇지만 의외의 복병 때문에 모든 것이 흐트러졌다. 마흔이 넘고 가끔 무릎에 염증이 생겨서 며칠 동안 걷기 어려운 적이 있었다. 한동안 괜찮아서 별문제 없었는데 지난주 갑작스러운 통증으로 움직임에 제한이 생겼다.

저녁 회식을 하고 와서도 목표를 위해 자전거를 탔던 나였기에 많이 속상했던 것이 사실이다. 걷기나 자전거 타기를 못 하면 가만히 서서 또는 앉아서 할 수 있는 웨이트 운동으로 시간을 채울 수 있다. 그러나 어떤 이유에서인지 어린애마냥 무릎 부상을 핑계로 나 오늘 쉴래! 하는 마음이 생겼다. 꾸준하게 하루를 채우려고 애쓰던 자신을 놓아버렸다. 아플 때 괜히 무리했다가는 더 아프거나 쉬이 낫지 않는다는 억지 논리를 펼쳤다. 마음의 짐과 후속 부상(?)의 걱정을 벗어던진 것은 기뻤으나 루틴은 완전히 엉망이 되었다. 지키는 건 어렵지만 깨기는 쉽다. 매일 15분 운동 미션을 한 번 어기고 나니 다음 날, 그다음 날까지 계속 쉬는 날이 연장되어 갔다.

매달 배지 받기라는 미션에서 벗어난 홀가분함이 생겼다. 달마다 미션 하지 않는다고, 배지를 받지 못했다고 괜한 정신적 스트레스를 받는 것이 전반적인 건강에 도움이 되는가 하는 궤변을 펼쳐 본다. 마음의 부담을 느끼느니 편하게 무시하며 사는 것도 나쁘지 않다는 이상한 논리이다.

"정말 하기 싫은 것을 오랜 시간 참고 견디는 것이 자기 관리이다."
"나보다 성공적인 사람은, 나보다 많은 것을 이룬 사람은 하기 싫은 일을 나보다 많이 한 사람이다."

첫 번째 이야기는 〈유퀴즈〉에 출연했던 박진영과 유재석의 대화이다. 오십의 나이에도 만족스러운 무대를 만들 욕심에 가혹한 루틴을 매일 한다는 박진영에게 그저 놀랄 수밖에 없다. 두 번째는 유튜브에

서 일명 빨간 모자 영어 선생님으로 유명한 신용하 씨의 강연 내용에
서 본 것이다. 자기 자리에서 유능함을 보이는 사람들에겐 비슷한 철
학과 삶의 태도가 엿보인다. 참고 견디는 것의 힘, 싫지만 힘들여서 극
복하려는 의지가 오늘의 그들을 만들었음에 아무도 이견이 없다. 경
험에서 얻은 한마디 통찰의 힘은 그만큼 강력하다.

많은 회의와 이슈로 멘탈이 탈탈 털린 날이나, 운 좋게 자기 시간을
충분히 가졌던 날이나 별다를 것 없이, 퇴근하면 그저 지친다. 이상
하게 집에 오면 눕고 싶다. 그럼에도 굳이 시간을 내서 책을 보고, 운
동을 하고, 글쓰기를 함에는 분명 이유가 있다. 자기 관리나 성공을
위해서라는 거창한 대의명분이 아니라도 말이다. 애플 워치의 배지
는 넛지 효과('옆구리를 슬쩍 찌른다'는 뜻으로 누군가의 강요가 아닌 자연스러운 상
황을 만들어 사람들이 올바른 선택을 할 수 있도록 이끌어주는 것)이다. '조금이라
도 몸을 움직여봐, 그러면 언젠가 달라진 너를 알게 될 거야'라는 메
시지는 실제 건강뿐 아니라, 하기 싫은 날들을 참고 견딘 자신의 지난
시간을 정신적으로 보상받는 것이기도 하다.

꾸준함이 필요한 건 그런 이유에서라고, 다리 부상을 핑계 삼아 소
파에 드러누워 며칠을 허비한 자신을 오늘의 글로 마음껏 힐난해보
기로 한다. 8개월의 꾸준한 자기 챙김을 망친 건 누구도 아닌 나 자신
이라는 냉정한 사실을 인정해야 한다.

°당신의 실패가 아니다

◇◇◇◇◇◇

회사원 나용주와 자연인 나용주는 어떤 차이가 있을까? 회사원 캐릭터로는 19년 차 연구원, 박사, 효능 개발과 평가 업무, 해외 근무 경험을 가진 경력자라는 모습을 갖는다. 자연인 나는 회사원 캐릭터를 포함하여 46세, 남편이자 아빠, 누군가의 막내아들이면서 처가의 큰 사위라는 캐릭터가 존재한다. 이와는 별개로 한 커뮤니티에서는 애플 제품을 좋아하고 레고 만들기를 즐기는 사람이기도 하다. 한 사람을 규정하는 것은 단순하지 않다. 누구나 다양한 모습을 가지고 있기에 여러 가지 내용으로 구성될 것이다. 본캐·부캐, 멀티 페르소나와 같은 키워드가 본격화된 지금의 시대에 회사원으로서 내 모습을 다시 생각해본다.

멀티 페르소나를 가지고 있으면 일과 삶의 균형을 유지하는 데 도움이 된다
귀국 후 격리를 하면서 TV채널을 돌리던 중 EBS를 보게 되었다. 『일

잘하는 사람은 단순하게 합니다』의 저자 박소연 님 강의가 있었다. 마침 그날 강의는 회사와 나를 잘 분리하는 것이 필요하다는 내용이었는데 무척 크게 공감했다. 그녀는 퇴근할 때 회사원으로서의 나를 집까지 들고 오지 말라고 하였다. 누군가에게 숙제를 받으면 계속 들고 있지 말고 의사결정을 내려 다시 돌려주라 조언했다.

회사 일이란 쉽게 끝나지 않고 '~ing'인 경우가 대다수다. 6시 퇴근할 때 5시 59분까지 가지고 있던 고민을 그 자리에서 툭툭 털어낼 사람은 흔치 않다. 적어도 퇴근하는 시간에, 건물을 빠져나올 때까지는 회사 일과 고민을 일부 가지고 나오기 쉽다. 다만 집안에 들어설 때까지 머릿속 한편에 들고 들어가면 곤란하다. 회사원으로서 나와 개인으로서 나를 의식적으로 나누어야 한다. 잠자리에 들어서 내일 회사 일을 고민한다고 해결되지 않는다. 만약 생각만으로 막힌 일들이 술술 풀린다면야 며칠 밤이라도 새우겠다.

시간이 해결해주는 일도 있고, 잠시 떨어져서 객관적 시각으로 바라보아야 솔루션이 보이는 일이 있다. 하나의 생각과 사고에 매몰되면 주변이 보이지 않고 확증편향만 강화된다. 무엇보다 자기를 잠식시키면서 번아웃되지 않게 회사 일은 가급적 회사 반경 50미터 이내까지만(?) 고민해보자. 휴식과 딴생각, 딴짓이 생산성을 올리는 데 더 도움이 된다.

회사의 어떤 위치에 있는 '나'는 100%의 내가 아니다. 회사 조직의 일부인 '역할'로서 자신이다. 아무리 운이 좋아도 했던 일에 대해 항상 인정받고 리워드가 있기는 어렵다. 나의 노력에 운이 함께할 때 성과라는 결실이 되어 나타난다. 내가 잘해서 성과가 되기도 하지만 어떨 때는 우연히 그때, 그 자리에 있었기 때문에 당신의 것인 양 탈을 쓰는 경우도 많다. 이것은 실패 사례에도 마찬가지여서 누가 해도 비슷한 결과가 되었을 일을 어쩌다 떠맡아 책임을 묻는 경우도 있다. 보통 그걸 재수 없다고 한다. 그런데 대게 추궁을 당하거나 나쁜 피드백을 받으면 역할이 아니라 마치 나라는 사람에 대한 비난과 욕, 공격으로 느끼게 된다.

어렵지만 거기에서 자아를 조금이라도 분리해보자. 혼나는 대상은 단지 그 역할을 제대로 수행하지 못한 조직원으로서의 자신이다. 내가 못난 사람이 아니라, 아쉽게도 역할을 제대로 하지 못한 자신의 일부만이 잘못된 결과를 낸 것이라고 생각을 바꿔보자. 바꿔야 할 것, 개선이 필요한 것은 역할에 맞는 역량과 경험이다. 그러한 메타인지를 통해 자신에게 부족한 것을 객관화할 수 있다. 퇴근을 해서도 머릿속에 가득한 분노와 실망이 조금이라도 덜어질 것이다. 더불어 나에게 비난을 했던 상사를 대할 때 불편한 마음의 부담을 내릴 수 있지 않을까.

일 잘하고 열심이던 A는 팀장이 되었다. 몇 년 지나지 않아 팀장 자리에서 내려온 그는 결국 참지 못하고 퇴사를 했다. 팀장 회의를 하는 장면을 볼 때마다, '저 자리가 내 자리인데'라는 생각이 들었다고 한다. 얼마나 마음이 아프고 힘들었겠는가. 그러나 팀장, 매니저로서 잘못했을지라도 연구원으로서 그는 배울 짐이 많은 사람이었다. 모쪼록 그가 스스로 자신의 회사 생활 전부를 부정하고 실패로 인지하지 않았기를 바란다.

쉽지 않지만 의식적으로 자아를 회사의 포지션에 동기화하지 않도록 노력하자.

°이기적인 승자가 되기 않기를

넷플릭스에서 미국 농구팀 시카고 불스의 흥망성쇠를 자세히 다룬 다큐 〈라스트 댄스〉를 무척 흥미롭게 시청했다. 전에는 잘 몰랐던 마이클 조던의 리더십을 들여다볼 수 있었다. 단지 뛰어난 실력을 가진 승부사 정도로 알고 있었는데 상상을 뛰어넘었다. 승리를 위한 집착과 엄청난 몰입. 마이클 조던을 만든 것은 집착 수준의 승부욕이었다. 때로는 잔인하리만치 동료들을 밀어붙이는 리더이자 동료였다.

세상은 한 명의 '영웅'을 중심으로 서사를 풀어 가기를 좋아한다. 모든 스포트라이트, 미디어의 관심은 마이클 조던에게 쏠렸다. 과도한 관심 속에서도 멘털을 잡고 실력을 보였기에 농구의 황제가 된 그다. 결과적으로 조던의 활동 시기에 시카고 불스가 엄청난 성공을 거둔 것은 사실이다.

걸출한 영웅 하나가 세상을 구하던 시대는 끝났다. 과거 나의 영웅 중 하나였던 007은 지구 정복을 꾀하는 악당을 혈혈단신으로 해결한다. 이제는 시대가 바뀌었다. 미션 임파서블의 이단 헌트는 뛰어난 능력을 갖고 있지만 동료들의 도움 없이 임무를 완수하는 것은 제목 그대로 불가능하다. 마블의 〈어벤져스〉는 어떤가. 다들 엄청난 능력을 가진 히어로들이지만 한 명의 활약으로 세상을 구하기 어렵다. 더 강한 타노스를 이기려면 각자 뛰어난 자기만의 능력과 힘을 합쳐야 한다. 누군가의 약점을 거두어주는 상호 보완이 시대정신이다.

한 직장에서 오랜 시간 머물다 보니 어느덧 리더라고 부르는 자리에 있다. 작은 조직이어도 리더의 할 일은 분명하다. 조직의 성격을 규정, 그것에 맞게 업무 방향을 잡아야 하며, 동료와 함께 해결한다. 필요하면 의사결정을 내리고 책임을 진다. 김호 작가는 그의 책 『직장인에서 직업인으로』에서 이렇게 말했다.

"누군가의 상사가 된다는 것은 자신이 맡은 직원의 직업적 삶을 개선할 의무가 있다는 뜻이다."

저자는 상사라고 표현했지만 그것을 '리더'라고 바꾸어 읽어도 무방하다. 자신이 맡은 직원은 '동료'라고 대체할 수 있겠다. 즉, 누군가의 리더가 된다는 것은 함께 일하는 동료의 직업적 삶을 개선할 의무가 있는 것이다.

직업적 삶에 대한 개선 의무란 무엇일까? 정의는 각자 다를 수 있으나 내 관점에서는 이렇다. 적어도 선배로서 겪었던 고충과 업무의 불합리함을 다음에 오는 후배와 동료들이 겪게 하고 싶지는 않은 것이다. 예전부터 그렇게 해왔으니까, 어쩔 수 없는 상황논리라서, 원래 그렇게 하는 거니까, 입 다물고 시키는 것이나 하는, 그런 피동적인 삶을 대물림하지 않게 끊어주는 것이 직업적 삶을 개선해주는 좋은 예시이다. 이런 생각의 끝에 과거와 현재의 상사는 나의 직업적 삶을 돌봐준 적이 있는지 떠올려보았다. 팀 내 작은 연구 그룹의 리더부터 시작해서 팀장, 상무, 전무까지 기억 속 리더(상사)들을 모두 소환해냈다.

과거 상사(리더)들의 공통점을 쉽게 발견했다. 모두 자신의 성공과 성장에 밝았던 사람들이다. 조직에서 원하는 일을 잘 수행했고 결과적으로 회사에서 중요한 위치에 오를 수 있었다. 하지만 그 과정에서 동료를 이용해서 자기 성공을 쟁취한 사람도 있었고, 자기 잘난 맛으로 열심히 성과 챙긴 후에 홀연히 떠난 리더도 있었고, 너 할 일 그냥 잘하라며 방임한 리더도 있었다. 물론 주변의 동료들을 챙겨가며 소기의 성과를 함께 만들어낸 리더도 있었다. 모두 그랬던 것은 아니지만 대부분의 경우 이기적 승자였던 나의 선배와 동료들을 손꼽는 것이 어렵지 않았다. 조금 허탈했다. 후배를 위해 올바른 길을 안내했던 누군가를 찾는 것이 이렇게 쉽지 않다니 말이다.

마이클 조던의 미친 승부욕은 팀을 최정상에 올려놓았다. 그가 떠나고, 감독이 떠나고, 동료들이 사라진 이후 시카고 불스를 이끌던 후임은 누구였는지 기억나지 않는다. 스포츠나 비즈니스에서 영원한 승자는 없다. 그렇지만 전통의 강팀 또는 오래 살아남은 회사는 단지 이기적인 리더 몇 명의 힘으로 굴러가지 않는다고 생각한다. 과거의 잘 못에서 교훈을 얻을 줄 아는 것, 그리고 리더가 잘못됨을 인정함으로써 그것을 바꿔 나가는 것이 필요하다. 남이야 어떻든 혼자 살아남는 이기적인 승자가 되지 말아야 한다. 동료의 도움 없이 혼자 만든 성과가 있었던가? 회사 일이란 내가 앞을 다지면 누군가 뒤를 마무리하고, 선배의 노력을 후배의 손으로 다듬어 끝내는 일의 연속이다. 그 과정에서 생기는 불합리함을 전부 해결하는 것은 어려운 일임을 잘 안다. 그러나 끝내 모른 척하고 단지 나 홀로 승자가 되어 기쁨을 만끽하는 리더는 되지 말자. 후배의 직업적 삶을 조금이라도 바꾸어주는 리더십으로 팀워크를 발휘해야 하지 않겠나.

다른 이의 성장을 돌봐주는 리더를 만나고 싶다.

나도 그런 리더가 되고 싶다.

°거절의 달인이 되어 가는 중

◇◇◇◇◇◇

싱가포르 연구소 근무할 때의 일이다. 한국에 있는 모 대학 교수님에게서 밤에 갑자기 연락이 왔다. 본인 그룹의 연구 성과가 우리 회사와 맞을 것 같으니 공동연구를 해볼 기회가 있겠냐는 것이다. 많은 고민 끝에 말씀 주셨을 것이다. 싱가포르에 있지만 한국이든 어디든 괜찮아 보이는 연구 테마라면 누군가 관련 있는 사람에게 소개하는 것이 인지상정! 다음 날 연구테마에 관심 있을 몇 사람에게 문의했다. 그 과정에서 최근 공동연구를 대하는 태도가 조금 달라진 회사 분위기도 알게 되었고, 결정적으로 비슷한 연구를 이미 다른 곳과 하고 있다는 사실도 확인했다. 교수님께는 함께 하지 못해 안타깝다는 거절의 메일을 써야 했다.

외부 연구자들을 많이 알게 되니 자연스럽게 그들의 연구개발 내용에 대한 제안을 받는다. 해외 연구소에서 하는 역할 자체가 그러라고 있는 것이다. 그런데 자세히 들어가 보면 사실은 브로커(중개인)에 가까운 역할을 한다. 맞선을 주선할 때는 서로를 연결시켜 주는 것만으로 곤란하다. 결혼이라는 목표를 성사시키려면 소개할 두 당사자를 잘 파악해야 하듯, 내 역할도 이와 비슷해서 상대방이 가진 기술에 대한 이해와 함께 회사 내부의 기술 니즈를 둘 다 알고 있어야 성사율을 높이게 된다.

좋은 주제의 연구라도 실제로 함께하는 기회는 많지 않기에 대부분 내 손에서 거절해야 할 경우가 많다. 거절의 이유는 앞선 예처럼 이미 비슷한 연구과제를 다른 곳과 하고 있거나, 내부에서 개발을 하는 입장이라 외부 자원이 불필요하거나, 지금 당장 할 이유가 없거나 등 다양하다. 대놓고 거절이 어려운 상황에 처할 때도 있다. 개인적인 관계들이 엮인 연구자라던가, 이미 우리 회사와 친분이 있었던 관계라던가 하는 경우이다. 배경지식 없이 괜찮을 줄 알고 시작했다가, 중간쯤 가보니 이게 아니다 싶어 못하겠다 하는 거절을 하기란 참 어려운 일이다.

나는 중개인일 뿐이요, 내 손에는 물 묻히기 싫다, 착한 사람으로 남겠다 하는 욕심이 생기는 건 당연하다. 딴에는 Good guy 역할을 하고 싶어서 본사의 담당자에게 대신 거절 메일을 써달라는 요청할 수 있지만 그럴 수는 없다. 결국 중개인이 직접 마무리하는 것이 업무에 책임을 지는 일이다. 마음이 좀 쓰리다. 그렇지만 이것도 회사의 일이고 내 역할이니 받아들이게 되었다. 거절의 인사는 무조건 정중, 또 정중하여야 한다. 너무 길게 주저리주저리 말할 필요도 없다. 예전에는 자세하게 설명을 해준다는 입장을 취하기도 했었는데 지금은 깔끔하게 몇 줄만 쓰려고 한다. 말이 길어지면 구차한 법이다(단 성의 없어 보이게 너무 짧아도 곤란).

거절을 못 하는 우유부단함은 더 나쁜 결과를 만든다. 내가 중개를 해서 넘긴 일이 있었다. 그런데 넘겨받은 담당자가 이러지도 저러지도 못하고 손에 쥐고만 있는 것이다. 상대측은 어떻게 되어가는 건지 나를 통해 확인하고 싶어 하고, 내 역할은 다했음에도 중간에서 괜히 곤란했던 적이 있다. 누구든 언젠가는 결정의 시간에 참여해야 한다. 그걸 못 하면 당사자는 당사자대로, 관련된 사람들은 그들대로 문제가 될 수 있다. 그러니 거절에는 용기와 결단, 그리고 성숙한 기술(skill)이 필요하다.

거절은 기본값이라고 마음먹고 매일 사람들에게 거절당하려고 노력했다는 사람의 이야기를 본 적 있다. 따지고 보면 선의나 호의는 보여주면 고마운 것이지 당연한 것은 아니다. 어쨌든 그는 아무에게나 돈을 빌려 달라고도 했고, 음식점에서 공짜 음료를 원하기도 했었다. 그런데 놀랍게도 그의 요청에 반응하는 사람들이 있었다. 거절 대신 호의를 베풀었다고 하였다. 회사에서 주로 거절의 입장에 서다 보니 정말 이게 현실에서 일어나는 일일까 믿기지 않았으나 사실이었다. 오히려 나도 가끔은 '안 될 것 같지만 한 번?'이라고 물어보는 용기를 갖게 되었다. 예를 들면 모 대학의 강연을 나가면서 강연비를 올려달라고 요청했었다. 거절당했지만 하지 않고 후회하기보다는 해보고 결과를 얻는 것이 더 낫다.

혹시 내 거절 메일을 받는 분들도 '어차피 안 될 수도 있어'라는 마음 가짐이라면, 함께 하지 못해 미안하다는 메일을 쓰는 내 입장에서도 조금은 마음이 편해질 것 같다. 그런 과정들이 이제는 익숙하면서도 마음은 여전히 불편하다. 우아하고 세련된 거절의 달인이 되고 싶다. 물론 나는 거절당하더라도 상처받지 않고 툭툭 털고 일어나는 강한 마인드의 소유자가 되고 싶고!

°내겐 너무 도도한 너, 글쓰기

◇◇◇◇◇◇

요즘은 끝내지 못한 글이 너무너무 많다. 완성도에 대한 압박이 생겼다. 적당히 써내면 안 될 것 같은 생각들이 앞선다. 논리적으로 전개가 되었는지, 필요한 말만 잘 썼는지, 글 자체로서 매력은 있는지 별생각을 다 하게 된다. 누가 뭐라고 한 적 없는데 괜히 그런 사고에 사로잡혀 있다. 하루에도 몇 개씩 포스팅의 욕망에 사로잡혀서 마구 쏟아내던 때를 벗어나니 슬럼프가 온 것인가. 다른 작가들의 끊임없는 글과 주제를 보며 부러움에 빠져본다.

나는 보통 어느 순간 떠오른 아이디어를 빠르게 막힘없이 쓱쓱 써내려 가는 경우가 많다. 아이디어는 불현듯 아무 때나 찾아오기 때문에 항상 글을 편하게 쓸 수 있는 상황은 아니다. 그래서 메모를 하게 되었다. 갑자기 떠오른 핵심 아이디어와 (마음속에 콕 박힌) 문장이나 표현, 글로 전달하고 싶은 상황에 대해 부지런히 아이디어를 채집해두는 습관이 생겼다.

여유가 있을 때 그 메모를 들추고 시작하려면 이상하게 글이 잘 써지지 않았다. 어떤 기분이었지, 왜 그랬었지라는 감정의 흔적만이 안갯속에 떠다니는 물방울처럼 실체 없이 남아 있을 뿐이다. 모니터를 바라보고 영감이 찾아오기를 기다리지만 시간만 보내기 일쑤였다. 글감을 놓쳐버리지 않을까 겁나서 억지로 붙잡아보려 하였다. 그러나 맨 처음 생각이 시작된 순간의 느낌과 감정으로 되돌아가기는 어렵다. 남은 이야기들은 몇 문장 또는 키워드만 남기고 사라지고 만다.

그나마 노력해서 겨우 건져 올린 심상을 발전시키면 다행이다. 때론 머릿속에서 마구 전개되던 생각들이 갑자기 막다른 길을 만난다. 더이상 진전을 할 수 없다. 글을 쓰기 시작하려는 마음가짐, 그걸 자판으로 쏟아내는 시간과 그때의 감정, 온 생각을 들여 적절한 표현과 단어를 뽑아내는 집중의 시간이 사라지고 나면 한껏 전개되던 글이 허무하게 멈추었다. 그러니 가급적 뇌 안에서 회오리가 불 때, 시간과 장소를 가리지 말고 가능한 수준에서 글을 완성하는 것이 나란 사람에게 최적의 글쓰기 모드임을 깨달았다.

그러니 초고가 완벽할 리 없다. 여름이 끝나갈 무렵, 월간 에세이에 투고하려고 글을 하나 썼었다. 딴에는 꽤 잘 썼다, 이만하면 문제의식을 가진 괜찮은 글이야, 제법 전개가 좋았어, 이런 생각을 했었다. 일주일 지났으려나. 퇴고하려고 열어보니 세상 부끄러운 글이 담겨 있었다. 자의식 과잉! 글을 수정했다. 퇴고를 하고 또 며칠 뒤 다시 읽어보니 엉망도 이런 엉망이 없다. 하고 싶은 말이 무언지 모르겠는 것이다.

한두 달 정도를 그리 고쳤음에도 부끄러워 끝내 투고를 하지 말까 하는 극단적인 생각에 닿았다. 초심자의 행운으로 책을 냈고 작가님 소리를 듣지만 정작 내 안의 성숙함은 충분한가, 계속해서 묻는다. 작가라는 타이틀이 부끄럽지 않을 글의 완성은 먼 나라 이야기처럼 느껴지는 요즘이다. 글의 완성도가 문제인 것을 단지 기술적 부족으로 해석하기는 어렵다. 글은 작가가 가진 마음의 거울이다. 있는 그대로를 반영하는 것임을 누구보다 잘 안다. 그러니 부족한 글에 대한 나의 고민은 자기 성찰로 이어진다.

고백을 하니 마음이 조금은 후련하다. 지금 이 글은 쉼 없이 써 내려갔다. 그러지 않으면 영영 쓰지 못할 것 같아서, 다음에 써야지 했다가는 이 감정을 놓칠 것 같아서 말이다. 적당히 기회를 봐서 잡으려 했다가는 떠나버리고 만다. 나를 후벼 파는 글쓰기는 이렇게나 도도하다. 밀당의 고수다.

°글쓰기 깊이에의 강요

◇◇◇◇◇◇

깊이 있는 글이란 무엇일까? 진솔한 글이 깊이 있다고 보는 사람도 있을 것이고, 마음을 울리는 감동적인 글을 보면서 깊이를 느끼는 독자도 있을 것이다. 그것이 무엇이든 직접 써보니 알겠다. 글은 누구나 쓸 수 있지만 '좋은 글'을 쓰는 것은 쉽지 않고, 진솔하거나 감동적인 글을 쓰는 것은 참말 어려운 일이다. 하기야 세상에 그렇지 않은 것이 있으랴. 노래는 누구나 부르지만 가수가 되는 것은 한정적이다. 그림 그리고 싶다면 아무렇게나 끄적거릴 수 있어도 작품으로 만드는 것은 전문가의 영역이다. 그럼에도 글을 쓰면서 나를 지탱해 온 힘은 유시민 작가의 말이었다. '문학 작품은 예술가의 영역이지만 논리적인 글은 누구나 가능하다.'

모든 글을 숙고하면서 쓰긴 어렵다. 즉흥적으로 순식간에 완성되기도 하고(마치 작곡가가 어떤 유명한 노래를 단 5분 만에 쓴 곡이라고 하듯), 어떤 글은 아무리 고민을 해도 끝내 마무리를 못하고 묻히기도 하였다. 여하튼 신경 써서 퇴고도 하고 글의 내용을 수정하여 나름대로 이 정도면 괜찮다 싶었던 글마저도 지금에 와서 보면 수준에 의구심이 든다. 문학 작품이 아니기에 논리적 전개나 나름의 주장과 명분, 근거에 대한 내용이 그렇다는 뜻이다. 지나치게 개인적 경험에 기반한 글은 일기장에 토해내는 단순함을 넘기 어려운 것 같기만 하다.

파트리크 쥐스킨트의 소설 『깊이에의 강요』에 나오는 주인공은 비평가가 무심코 던졌을지도 모를 '깊이 없음'에 대한 절망으로 더 이상 예술 활동을 하지 못하게 되었다. 내가 쓰는 글에 그 누구도 비평하지 않지만 스스로 느끼는 수준에 대한 반성은 자기비판으로 이어질 수밖에 없다. 당신은 진정으로 글을 잘 쓰기 위한 노력을 해 왔는가? 이렇게 물어보면 당당하게 그렇다고 대답할 자신은 아직 없다. 그러나 긍정적으로 돌아보면 현재 수준에 만족하지 않고 조금이라도 나아지고자 하는 마음가짐이 힘을 내도록 해준다. 계속 이 작업을 하게 만든다.

조금 다른 얘기지만 주변에 불어닥친 골프 열풍 때문에 레슨을 다시 시작했다. 혼자서 유튜브 보면서 이게 맞나 저게 맞나 할 때와 프로가 직접 잡아주는 원포인트 레슨으로 중요한 것을 배우고 난 뒤의 결과가 확연히 다르다. 프로나 선생님의 가르침은 막힌 혈을 뚫어준다. 그러니 글쓰기도 비슷하지 않으려나 궁금하다. 글쓰기 강습이라도 받아야 하나 싶어진다. 그저 열심히 쓰다 보면 언젠가 좋아지려나 하는 것은 막연하다.

그러다가도 생각한다. 아아, 나는 심각하게 작가가 되고 싶은 것이 아니었다. 내 안의 소통을 위한 글을 쓰고 싶었을 뿐이다. 그러니 남이 하든 내가 하든 깊이 있는 글쓰기에 대한 강요와 강박을 떨칠 필요가 있다고, 스스로를 몰아붙이지 않기로 결론지어본다.

°나는 아마, 갱년기

◇◇◇◇◇

"넌 형 생일에 연락도 안 하고, 앞으로는 (축하한다고) 연락 좀 해라."

몇 년 전 12월 어느 날. 뜬금없는 공격에 당황스러움이 앞서 대체 왜 이러는 거야 하는 복잡한 마음에 일단, 알겠다는 말로 전화를 끊었다. 그날의 당혹감은 아직도 생생한데 전혀 예상치도 못했던 연락과 요구였기 때문이리라.

'그러는 자기는 내 생일이라고 축하한다 말 한 적 있나?'

전화를 끊고 대뜸 올라온 생각이다. 그도 그럴 것이 형이나 나나 서로 생일이라고 살갑게 축하하는 적 별로 없었던 까닭이다. 형과는 6살 차이. 만나도 별로 할 얘기 그리 많지 않은 데면데면한 사이. 생일이라면 중간에서 사람 좋은 형수님이 도련님이라며 많이 챙겨주신 것에 많이 고마움을 느끼고 있었다. 어쩌면 형의 입장에선 형수가 해주는 축하가 자기의 것이나 다름없다고 봤을지도 모르겠다.

그런 형이 생각 나는 요즘이다.

앞서 말한 사건이 정확히 언제였는지 기억은 없지만 대략 지금의 내 나이와 당시 형의 나이가 비슷하지 않았을까 싶다. 괜히 별것 아닌 일에도 상처받고 불필요한 피해 의식이 생기곤 한다. 원래 뒤끝이 있는 성격이지만, 평소 같으면 넘어갈 나른 사람의 말이나 행동에 쉬이 용서가 되지 않는다. 특히 가족의 언사에 더 민감하고 예민하게 반응한다. 아내에겐 퉁명하고 아들에겐 짜증이다. 어떤 유명 경제 기자 말마따나, '나이가 드니 가슴 근육이 습자지처럼 얇아졌다.'

처음엔 코로나 블루가 아닐까 싶었다. 그 영향도 전혀 없진 않겠지만 전반적으로 무력감이 많이 쌓였다. 매일 의식적으로 운동을 하고, 재미있는 영상을 찾아보고, 책도 읽고, 글도 쓰지만 어딘가 모를 감정의 골이 깊다. 그 안에서 빠져나오기가 힘들다. 혹시 갱년기는 아닐까 하는 건 합리적 의심이다. 예전엔 여성만 갱년기를 겪는다고 했지만 남자도 그 시기가 있다고 한다. 마흔 중반이면 호르몬 변화가 충분히 일어날 때다. 거기에 코로나로 인한 활동 제약, 회사 일에 대한 불만족 등등 모든 요소가 겹쳐 버렸다.

그래서 뜻하지 않게 이제는 형의 섭섭함을 이해할 수 있게 되었다는, 그런 고백. 왜 생일에 서운했을지 공감이 된다. 별것 아닌 일에 화내는 내가 싫지만, 어떻게 할 수가 없다. 스스로 제어가 되지 않는 감정의 소용돌이와 사람을 만나기 싫은 기분. 이 시기가 빨리 잘 지나가기를 바랄 뿐이다.

다행히 오늘 아침, 산책길에 들은 이소라의 'Track 3'이 지친 마음을 달래주었다.

미움이 그댈 화나게 해도 짜증 내지 말라는 그녀의 말……. 왠지 속마음을 들킨 것 같아 울컥했다.

사랑이 그대 마음에 차지 않을 땐 속상해하지 말아요.
미움이 그댈 화나게 해도 짜증 내지 마세요.
사랑은 언제나 그곳에
우리가 가야 하는 곳.
사랑은 언제나 그곳에
love is always part of me.

너무 아픈 날 혼자일 때면 눈물 없이 그냥 넘기기 힘들죠.
모르는 그 누구라도 꼭 손잡아 준다면 외로움은 분홍 색깔 물들겠죠.
사랑은 언제나 그곳에
우리가 가야 하는 곳.
사랑은 언제나 그곳에
love is always part of me

여기까지 쓰고 나니 마음이 좀 가벼워졌다. 내친김에 과감하게 용기를 내어 아내에게 현재 당신의 남편이 이런 상태요! 하고 용기 내어 말을 했다. 그랬더니 아내는 심드렁한 반응이다.

"그런 거야? 늘 이 시기엔 자기 좀 우울해했잖아."

그랬던가? 갑자기 뒤통수를 두들겨 맞은 기분. 나만 볼 수 없는 사각 지대의 내 모습이었던 것인가. 늘 그랬었다는 말에 우선 놀랐고, 전에는 그걸 자각하지 못했단 사실에 또 한 번 놀랐다. 마지막으로 '나 우울해'라고 말하는데 쿨한 반응을 보이는 아내에게 놀랐다.

평소 좋아하는 브런치 작가 추세경 님이 쓴 『파란 하늘, 파란 하늘 꿈이』를 읽었다. 그의 글 속에서 현재 내 감정의 이유를 찾아보았다. 과연 그의 말처럼 행복 속에는 비극의 씨앗이 숨어 있고, 절망 끝에서도 희망은 있기 마련이다. 그러고 보니 요즘의 가라앉는 기분은 그동안 즐겁게 지나왔던 시간이 많았기에 잠시 쉬어 가라는 신호, 그 이상도 이하도 아닐 수 있다.

우울감의 절정에서 들었던 위로의 노래, 지나친 걱정과 염려보다는 아무렇지 않게 스스로 자각할 기회를 준 아내의 말, 남들 모르게 마음을 털어놓을 기회를 만들어주는 글쓰기. 이 삼박자가 바닥을 치고 올라올 기회를 마련해주어 고마운 마음이다.

쉬웠던 일이 어려워지기도 해

◇◇◇◇◇◇

마침 그날 현성이와 읽은 책은 『시간이 흐르면』이었다. 윤곽이 뚜렷한 그림과 간결한 글로 시간이 흐르면 일어나는 일들을 담아낸 그림책이다.

시간이 흐르면, "아이는 자라고 연필은 짧아져." 시간이 흐르면 "빵은 딱딱해지고 과자는 눅눅해지지." 그리고 이어서 신발 끈을 묶는 어린이 모습이 등장한다. "어려웠던 일이 쉬워지기도 해"라는 문장과 함께. (김소영, 『어린이라는 세계』 중에서)

책에서는 신발 끈 묶기에 도전하는 아이의 모습이 나온다. 아이 때는 모든 것이 서툴다. 어른의 눈에서 보면 쉽게 할 수 있는 간단한 일 – 신발 끈을 묶는 것 – 이 쉽지 않은 도전이다. 손 근육이 적당하게 발달하고, 머리로는 끈을 묶는 방법과 과정을 이해해야 한다. 아이에게는 성장이든, 익숙함이든 시간이 필요하다. 초등 5학년인 우리 아들은 신발 끈을 야무지게 묶지 못해서 늘 한쪽이 풀려 있다. 시간이 필요하다. 하지만 저 위의 말처럼 언젠가는 언제 그랬냐는 듯 끈을 단단히 그리고 능숙하게 묶을 것임을 알고 있다.

"어려웠던 일이 쉬워지기도 해"라는 문장에 크게 공감하며 고개를 끄덕이다가, 문득 어른은 더 어른이 되다 보면 '쉬웠던 일이 이상하게 어려워지곤 해'라는 생각에 닿았다.

예전엔 쉽게 따라 부를 수 있던 빠른 템포의 노래가 어렵기만 하다. 박자가 살짝살짝 늦어지다 보면 약간 짜증이 난다. 아니, 이 쉬운 걸 왜 못하냐고. 몸이 노화의 과정을 겪다 보니 디스크 때문에 허리를 제대로 굽히지 못하고, 양말을 신으려면 심호흡을 하고 잠깐의 고통을 참아내야 한다. 소싯적(?)에는 양말 신는 것이 어려워지리라고 꿈도 꾸지 못했단 말이다.

새로운 시스템에 그래도 잘 적응한다고 자신 있어 한 편인데 요즘 생기는 새로운 상점의 무인 키오스크를 만날 때면 살짝 긴장을 하지 않을 수 없다. 분명히 이 버튼을 누르면 다음으로 넘어가야 할 것 같은데 진행이 안 되면 당황스럽다. 어버버버 하고 당황하고 있노라면 뒷사람에게 괜한 민폐를 끼치는 마음이 든다. 한 다섯 살만 어리면 지금보다는 덜 두려울 것 같다. 대중교통을 거의 이용하지 않다가 몇 해 전 지하철표를 한 번 사러 간 적이 있다. 내 기억 속 지하철 티켓 구매는 상당히 오래전 일인데, 싹 바뀐 시스템은 너무 낯설어서 잠시 영상이 정지된 것처럼 아무것도 하지 못하고 멈춰서 머문 기억이 있다.

생명체라면 피할 수 없는 숙명인 노화라는 확실한 이유가 이런 일들을 잘 설명해준다. 노화에 따라 인지능력, 운동능력이 점점 떨어지는 건 어쩔 수 없으니 받아들여야 한다. 그런데 몸처럼 마음에도 찾아온 노화에 대해서는 이해를 통한 받아들임보다 안타까움이 앞선다. 지금보다 꽤 젊었을 때, 치기 어린 마음에 대들거나 때론 과감하게 마음대로 해 버리던 일이 있다. 그걸 잘했다고 칭찬하는 것은 아니지만 이제는 그렇게 행동하지 못하는 경우가 훨씬 많아지는 것도 썩 유쾌한 기분은 아니다. 좋은 말로는 좀 더 유연해지고 현명해진 것이지만, 그게 반갑지 않은 것은 세상 풍파 겪으며 닳아버린, 나의 날카로움에 대한 서글픔 때문이다. 눈치 보며 살아가는 나를 위로해주고 싶다.

문제없이 처리할 수 있던 일, 마음가짐과 행동이 언젠가부터 어려워지는 것을 느끼며 나이 듦을 생각한다. 이것이 유난스러운 이유는 마음속에 만들어둔 셀프 이미지와 현실의 나 사이에 괴리감을 인정하지 못하는 까닭이다. 유치원 달리기 대회에 출전한 부모님들이 안쓰러울 정도로 꽈당 넘어지는 것과 같다. 아무 어려움 없이 쉬웠던 것을 육체적, 지적 노화로 인해 어렵게 완수해가는, '늙어가는 내 모습'을 진지하게 받아들이려 하는 마음의 준비가 필요하다. 가급적 자연스럽게 인정하려고 한다. 살짝 서글퍼지는 마음은 어쩔 수 없지만 말이다.

°가을의 꽃

아내가 주문한 꽃이 늦은 밤 문 앞에 놓였다

집에 있는 꽃병을 모두 꺼내 해보는 서툰 꽃꽂이

남이 해놓은 것 볼 줄만 알았지

내 손으로 해보려니 영 이상하다

씻고 나온 아내가 하는 말, 소질 있네

내 맘에는 안 들어도

당신 좋다니 괜찮아 보이고

몰랐던 소질이 이제야 나타난 건가

우리 집까지 오며 시든 너희들, 촉촉하게 물먹고 밤사이에 활짝

살아나렴

소박하게 빛났던 그들은

무작정 찾아든 찬 바람에 지쳤는지 금세 시들고

잎은 더 빨리 말라버려

그 며칠 식탁 위에서, 거실 창가 앞에서, 안방 침대 옆에서 고마

웠다

왜 버리지 않느냐고 물어도 이상하지 않을 만큼

꽃병 주위로 떨어진 한 잎, 두 잎

축 처진 모가지여

허겁지겁 덜 시든 아이들을 솎아가며
다시 한 묶음 모아본다
버리기 아까운 것들을 취해본다
얼추 한 단이 그럴듯하다

아직 괜찮은 줄기 위의 꽃들이
다시 빛날 수 있다고 항의하듯,
버리지 않았음에 감사하듯,
쓸모를 찾아주어 고마워하듯,
다시금 식탁 위에서, 거실 창가 앞에서 빛나는 순간이
오히려 나를 꾸짖듯 위로하는
고요한 가을밤.

3장

마흔,
가족
그리고 일상

"꿈을 꾸고 욕심을 부려서 원하는 인생을 살아가는 것
도 재미있겠지만, 주어진 환경과 조건에서 잘 꾸려가며
충실하게, 그러면서 발생하는 의외의 상황을 살아보는
것도 나쁘지 않다는 생각을 한다."

°15년을 함께 살고도

◇◇◇◇◇◇

코로나 백신을 맞고 이틀간의 휴일을 잘 보냈다. 하지만 주중 휴가의 여파였을까. 출근을 했더니 평소와 달리 여기저기서 말을 걸지 않나, 답해야 할 메일이 급격히 쌓이고, 하필 오늘은 외근까지 잡혀 있었다. 아침부터 정신없이 대응하고 오후 3시쯤 되니 비로소 잠시 숨 돌릴 틈이 생겼다.

그렇게 바쁜 하루를 보내고 집에 왔다. 자율근무제 이후 출퇴근 시간을 평소보다 앞당겨 쓰게 된 이후 특별한 일이 없으면 아내보다 일찍 귀가하게 되었다. 저녁 준비는 당연히 내 몫이다. 기껏해야 찌개 좀 끓이고 냉장고에 있던 반찬들 내어놓는 수준이지만 말이다. 오늘도 별다를 바 없다. 아직 시간이 있어 건조대에 남아 있던 빨래를 개어 정리하다가, 어젯밤 배고프다며 참외를 깎아 먹은 아내의 흔적 – 참외 겉에 붙어 있는 스티커 – 이 소파에 남아 있음을 알아차렸다. 바로 치우면 될 것을 꼭 저렇게 둔다. 몇 번 이야기했지만 항상 '나중에 치우려고 했다'라고 말한다. 지금은 아니지만 언젠가 치우겠다는데 할 말이 별로 없다. 어쨌든 살짝 짜증이 오른다. 치울까 말까 고민하다 두기로 하였다. 집안일은 참지 못하는 사람이 지는 것이다.

이윽고 아내가 퇴근했다. 당뇨가 있는 그녀는 가급적 때를 놓치지 않으려 한다. 혈당을 적정선으로 유지하려면 일정한 식사 시간이 좋기 때문이다. 아들은 학원 때문에 7시 반은 되어야 집에 온다. 가급적 아이 혼자 밥을 먹게 하지 않으려다 보니 자연스럽게 기다리는 쪽은 내가 되었다.

"저녁은 뭐 먹을까?"

"엄마가 갈비탕 해놨대."

그렇다. 다행히 장모님이 우렁각시마냥 차려주고 가신 반찬과 국이 많은 날이다. 갈비탕 이야기를 하였기에 냄비에 덜고 데워 먹을 준비를 다 해두었더니만, 오자마자 대뜸 인덕션 위에 보이는 돼지갈비를 먹잔다. 계획적인 나에 비해 대단히 즉흥적인 그녀.

돼지갈비가 데워질 동안 그녀는 밥마냥 좋아하는 아보카도를 먹는다. 너무 많이 익었다며 "어떡해~, 아까워~." 하면서 아내는 2개나 흡입하듯 해치웠다. 아보카도의 잔해는 싱크대 옆에 고이 남겨 두고 떠났다. 어쩐지 조금 전에 보았던 참외의 흔적과 비슷한 기시감이 드는 것은 우연이 아니다.

이것저것 식탁에 차려두니 말없이 식사를 하기 시작했다. 눈과 손은 바쁘게 핸드폰을 오간다. 잠깐 백신에 대해 대화한 것이 전부일 뿐,

맞은편에 앉은 내가 보이지 않나 보다. 저렇게 지금 봐야 할 것이 많을까? 나도 그녀처럼 핸드폰을 들어 별로 집중하지도 않으면서 이런저런 글을 살펴본다. 돼지갈비와 반찬이 맞난지 찹찹거린다. 이제는 급기야 입에서 나는 소리마저 거슬린다. 슬쩍슬쩍 눈짓으로 그녀에게 시그널을 주지만 받은 체도 하지 않는다.

"(더우니까 천장에 달린) 팬 좀 틀어줄래?"

하다하다 진짜! 너털웃음이 나왔다. 내 웃음의 의미를 아는 건지 모르는 건지 그녀도 머쓱한 웃음으로 대답하였다. 천천히 일어나 리모컨을 누르고 오니 "나만 더운 거야?" 그녀가 묻는다. 그렇다고 짧게 대답해주었다.

그녀의 식사는 끝났지만 아직 아이는 오지 않았다. 이미 식어버린 돼지갈비를 다시 데우려고 일어나 그녀 뒤에 서서 몇 가지 짜증의 요소를 떠올려본다. 뭐라고 할까 말까. 앞으로 자기 먹은 흔적은 좀 치워주면 좋겠어. 아니…… 그렇게 말하지 말고 다른 방법으로 해볼까? 항상 내가 치우면서 뭐라고 하면 "자기가 너무 빨리 치워서 그런 거야"라고 대꾸하니 안 치우고 그냥 둬볼까. 아냐…… 집안일은 내가 많은 부분 담당하지만 중요한 집안 일들은 아내가 하니까, 이건 공평한 거야. 별별 생각이 든다.

그러다 불현듯, 같이 사는 것이 어딘가 허망하다.

지나간 자리를 보여주는 쓰레기, 오자마자 바닥에 내려둔 가방, 벗어둔 옷가지 때문에 싸우거나 헤어지는 것이 정당할까? 과거에 소모

적인 감정싸움을 한 적이 있었다. '싸움'이라 부르기도 민망한 작은 말
다툼이었지만 말이다. 깔끔한 아내지만 스타일이 나와 반대이다. 치우
는 속도에서 큰 차이가 있다 보니 먼저 지치는 것은 언제나 나였다. 빨
리 버렸다고 혼나기도 하였다. 억울하다. 치우는 것도 죄라면 죄다. 얼
마 전에는 택배를 보내는데 안에 완충재로 쓸 뽁뽁이가 없다며, 제발
그런 것 좀 빨리 버리지 말라고 한 소리를 들었으니 내가 좀 억울한 면
이 있다고 본다.

　15년 동안 살을 맞대고 살았는데 별것 아닌 일로 결혼 생활의 허무
를 얘기한다는 것이 우습다. 나는 나대로 일터에서 지칠 대로 지치고,
맘에 들지 않는 몇 가지의 일이 쌓이면서 증폭된 감정의 폭발이었을
것이다. 살아보니 부부라 해도 개인의 개성은 지켜주고 존중할 줄 알
아야 한다는 것을 배운다. 각자의 생각과 삶의 패턴은 나이와 함께 더
견고해짐을 깨닫는다. 사람 고쳐 쓰는 것 아니라고, 나도 그녀를 잘 알
고 그녀도 나를 잘 안다. 서로의 중요 포인트를 알기에 그걸 인식하면
서 지내지만 어느 한 사람이 마음의 균형을 잃어버리는 오늘 같은 날
에는 별별 생각이 다 드는 것이다. 그보다 생각의 끝에 이럴 거면 혼
자 사는 것이 어떨까 싶은 마음은 못내 당혹스럽다. 배우자의 외도나
경제적 이유, 함께 하는 삶을 망가뜨린 어떤 커다란 귀책사유도 아니
라, 서로 싫어하는 행동을 조금씩 한다고 말이다. 못마땅한 것을 함께
조금씩 양보해가는 것이 결혼 생활의 묘미이자 미덕 아니겠는가.

　쓸모없는 생각은 아이의 귀가 덕분에 끊겼다. 내 위장에도 비로소

밥이 들어가니 그제야 좀 정신이 드는 모양이다. 당이 떨어지면 이렇게 위험하다. 마음을 달래주는 탄수화물의 중요성. 양껏 식사를 하고 나니 쳐진 기분도 좀 돌아왔다. 그러나 설거지를 하려고 보니 아까 지나친 아보카도 껍질이 눈에 다시 띄었다.

"하~아."

내 짧은 탄식. 눈치 빠른 그녀는 쪼르르 곁에 다가와 "왜 또 얼굴이 그래?" 하며 묻는다. "내가 설거지할까?" 한다. 그래, 이게 그녀지. 살살 달래가며 나와 밀당하듯 조련하는 사람. 꽁했던 마음의 실타래를 풀어낸다. 괜히 심술부릴까 하다가, 소파에 둔 쓰레기나 치우라고 하였다.

"에이 겨우 그거 때문이야?"

아니거든. 겨우 그거 아니라 훨씬 많거든. 잠시 혼자서만 서운했던 감정을 슬쩍 토로해 보니 역시나 전혀 눈치채지 못했다. 쳇! 15년을 살고도 나를 잘 모른다니까!

°의외로 모르는 가족과 나의 취향

◇◇◇◇◇◇

작년에 큰마음 먹고 아이에게 산타클로스의 존재를 공개한 뒤 아내의 제안이 있었다. 비밀을 간직하던 산타로부터 자유로워졌기 때문에 이제는 뽑기를 통해 선물해줄 사람을 정하고, 함께 쇼핑몰이나 상점에 가서 일정한 금액 안에서 구매해서 전달해주자는 것이었다. 인터넷 구매는 금지. 무조건 현장에 함께 가서 물건을 고르기로 했다. 아들이 제법 커서 엄마나 아빠가 함께 다니며 선물을 고르지 않아도 될 나이가 되었기에 이런 이벤트가 가능해졌다. 뽑기로 선물할 상대를 정하는 것이므로 마니또 같은 기분도 들고 누가 내 선물을 해줄까, 나는 누구에게 선물을 사야 하나 고민하는 즐거움을 가질 터였다. 이 연말 행사를 해보니 재미도 있고 반응도 좋아서 올해도 하기로 했다. 작년에 나는 아들을 뽑았고, 아내는 나를, 아들은 아내를 상대로 선물을 주었다.

이번에는 서로 다른 사람을 뽑고 뽑히기를 바랐는데 공교롭게도 작년과 같은 매치가 되었다. 3명밖에 안 되는 가족 구성이다 보니 경우의 수가 제한적이긴 하다. 새로 뽑을까를 얘기하기도 했지만 그냥 뽑은대로 하기로 했다.

밥을 먹고 같은 건물에 있는 교보문고에서 선물을 고르기로 했다. 상한선은 2만 원. 호기로운 마음으로 쉽게 선물을 고르겠거니 하는 마음으로 갔지만 의외의 어려움이 닥쳤다. 대체 뭘 골라야 할지 모르겠는 것이었다. 준비 없이 갔던 티가 너무 났다. 서점이라고 무턱대고 책을 사주면 성의 없어 보였다. 문구를 고르자니 이미 집에 노트며 펜이며 부족하지 않았다. 농담으로 말 안 들으면 문제집을 사주겠다고도 했지만 정말 그럴 수는 없는 일. 그러다가 아들이 뭘 좋아하는지, 갖고 싶은 것이 무엇인지 잘 모르고 지내고 있다는 생각이 들었다.

누구보다 가까이 지내고 매일 부대끼며 살았기에 정작 선물을 고르는 데 어려움이 있을 거라고 예상하지 못했던 터라 당황스러웠다. 내가 아는 아들의 관심사는 게임이다. 주말마다 주어지는 게임 시간이 이 녀석이 일주일을 버티는 희망이다. 마인크래프트를 열심히 하다가 요즘 브롤스타즈로 갈아타서 금요일 저녁이면 '내일이면 게임한다'라는 노래를 부르고 다닌다. 그러나 게임 외에는 그의 사적인 취향에 대한 정보가 없었다. 최근에 학교 발표 때문에 친구와 음악 줄넘기 준비를 2주 동안 열심히 했었다. 같이 했던 친구 이름을 듣기는 했지만 금세 까먹었다. 늘 이런 식이다. 아무튼 아들의 관심사가 뭘까 고민을 하며 돌던 중에 딱 만났는데 어라, 이 녀석도 쩔쩔매는 중이었다. 엄마에게 무엇을 사줘야 할지 모르겠다는 것이다. 그게 왜 어려워, 이렇게 생각하다가도 나 역시 아내에게 어떤 선물을 해주면 좋아할까 생각해 보니 상당히 막연했다.

특별한 날이라고 백화점 가서 조금 무리한 수준의 선물을 고르는 것은 오히려 쉬운 편이다. 오히려 2만 원이라는 – 요즘은 밥 한 끼와 커피 한 잔으로 끝날 – 예산 안에서 어떤 선물이 좋을지를 선택하기란 참 어려웠다.

평소 가족에 대해 얼마나 많은 관심을 가지고 살았는지 고민해본 적이 있는가? 그걸 생각할 이유조차 떠올리기 어렵다. 매일 얼굴을 보고, 같은 침대에 누워서 자고, 함께 밥을 먹으니 당연히 잘 안다고 믿는 것일 뿐이다. 정작 상대에게 필요한 무언가를 적당히 떠올리고 선물로 고르는 것은 다른 일이었다. 가만 생각해보면 매일 묻는 질문이 이런 식이다. 책은 읽었는지, 수학 문제집은 다 풀었는지, 책가방은 챙겼는지 할 일에 대해서만 묻고 답을 했을 뿐 요즘 필요한 물품은 없는지, 갖고 싶은 것은 없는지 알고 있지 못했다. 시간 되면 빨리 자라는 말만 되풀이할 뿐이다.

한편으로 나는 가족에게 그리고 타인에게 어떤 취향과 관심을 가진 사람으로 기억되는지 궁금해졌다. 아내나 아이에게 '남편(아빠)은 뭘 좋아해?'라고 물으면 뭐라고 답할까? 아! 애플 제품. 그건 취향이라고 보기엔 좀 다른 면이 있다. 취향이란 조금 더 디테일한 무엇이다.

감명 깊게 본 영화라던가, 좋아하는 책이나 음악, 늘 마시는 커피의 종류, 선호하는 옷의 색깔이나 스타일 같은 것.

사는 것이 바쁘다는 핑계로 나도 모르게 무취향의 사람이 되어가는 건 아닐까. 그렇다면 끔찍하다. 아이를 돌봐야 한다는 부모로서의 의무, 불확실한 미래에 대한 불안감으로 경제와 투자에 대해 공부를 해야 하는 의무, 회사에서는 적당한 가면을 쓰고 필요한 사람이 되기 위해 좋은 모습을 보여야 한다는 강박. 이렇게 저렇게 다양한 의무와 미래에 대한 짐만 갖고 살아가는 삶은 아닌가 싶다. 지금이 가장 바쁜 때지만 다시는 돌아오지 않을 시간인 만큼 의무로만 하루를, 한 달을, 일 년을 보내기는 싫다.

최근 일부러 돈을 들여 애플뮤직에서 스트리밍 서비스를 이용하고 있다. Chet Baker, Mika, 이소라, Michael Buble, Norah Jones, Adele……. 어렸을 때 플레이리스트를 채웠던 그들의 음악을 다시 찾아 듣는다. 쉽게 들을 수 있을지언정 아직 예전에 즐기던 감성까지 데려오지는 못했다. 기술이 발전하여 유튜브의 알고리즘이, 넷플릭스의 알고리즘이 주로 보는 장르의 드라마와 영화 데이터를 분석해서 기가 막힌 제안을 해준다고 하지만 그것들이 나를 정의하게 만들고 싶지는 않다. 기계가 아니라 같이 사는 사람에게 기억되는, 뭘 좋아했었는지 명확한 내가 되고 싶다. 나도 내 취향이 무엇인지 다시 알아가고 싶다. 취향이 없는 사람, 솔직히 매력 없지 않은가.

그렇게 돌아다니다가 발견한 달고나 세트. 나이가 어려서 오징어 게임은 보지 못했지만 거기 나온다는 달고나 얘기는 엄청 들었었기에 만들어보고 싶다, 먹고 싶다고 말하던 아들의 말이 퍼뜩 떠올랐다. 그래, 이번 크리스마스 선물은 이거다. 받고 나서 기쁜 마음에 당장 만들자고 덤벼들 아들의 얼굴이 떠오르면서 나도 모르게 미소가 번진다. 미안하다 아들, 조금 더 너를 알아가도록 할게. 숙제했냐는 말만 하지 않고 네가 좋아하고 관심 있어 하는 것을 알 수 있게 노력할게. 그 사람이 필요로 하는 것과 원하는 것을 알고 있다는 것이 진짜 관심과 사랑의 증거니까 말이다.

°AI 같은 사람

◇◇◇◇◇

"AI 같은 사람"

밤 11시가 넘어서 아내에게 그만 자러 가자고 했더니 그녀 입에서 나온 말. 11시가 되면 거의 예외 없이 잠자리에 든다. TV 시청을 하던 도중이라고 해도 그냥 꺼버리는 경우가 많다. 그러면 함께 시청을 하던 아내는 입이 대자로 나온다. 이게 무슨 경우냐, 어쩜 그렇게 냉정하냐며 'AI 같다'고 한다. 설득하다가 혼자 자러 가면 "잘 자요 AI" 이런다.

아침에는 유산균을 먹는다. 비타민을 비롯해 영양제는 먹다 안 먹다 하는 편인데 유독 유산균은 꾸준히 먹게 되었다. 아내가 효험을 봤다며 정말 좋다기에 챙겨주다 보니 그리된 것이다. 식사 전에 먹어야 효과가 제일이라고 해서 출근 준비 중인 아내에게 물과 함께 가져다준다. 고마워하는 그녀는 이번에도 '참 AI 같은 사람', 이런다.

예전 같으면 로봇 같다고 했을 텐데, 요즘은 로봇이라는 말 대신 AI

가 일반화된 까닭일 게다. 감정은 배제하고 흐트러짐 없는, 정해진 시간에 정해진 역할을 충실하게 수행하는 그런 뜻이라면 그녀의 말에 동의한다. 나쁘게 말하면 사람 냄새나지 않는다는 뜻이기도 할 것이다. 사람 냄새의 정의가 무엇이냐에 따라 다르지만 '필요한 것을 안 하기도 하고, 놓치기도 하고, 까먹어서 못 하는' 정도로 이해한다면, 나는 AI가 맞다.

난 매우 루틴이 있는 삶을 산다. (거의) 정해진 요일이 되면 청소기를 돌리고, 빨래를 하고, 마른빨래는 부지런히 개어 넣고, 시간이 있으면 책을 보거나 글을 쓴다. 저녁 먹으면 잠시 쉬다가 실내 자전거를 탄다. 아파트에 있는 헬스장을 가끔 갔었는데 코로나 확진자가 확 늘어난 상황에는 멀리하는 편이다. 저녁 회식을 별로 좋아하지 않는 이유 중 하나에 일정한 리듬이 깨지기 때문인 것도 있다. 남들은 이런 나를 보면 참 재미없는 사람이라고 할 것이 분명하다.

대학생 때 하루는 과외를 가다가 무슨 정신이 팔렸는지 내려야 할 지하철역을 놓친 적이 있다. 그날은 거기서 끝나지 않았다. 다른 역에서 내린 후에는 방향을 잘못 알고 출구를 헷갈려서 한참 헤맸었다. 그 얘기를 선배 형에게 했더니, 깜짝 놀라는 반응을 보였었다. 늘 정확하게 행동하고 틀림이 없던 사람인데 허둥대는 모습이 의외라고 했다. 그걸 보면 20여 년 전에도 난 비슷한 성격이었나 보다. 물론 남들이 보는 눈도 큰 차이가 없었지 싶다. 이렇듯 타고난 성격도 있지만 후천적인 영향을 무시할 수가 없다. 규칙과 절차가 필요한 일, 정확도를 따지는 공부와 일 때문에 이런 성향은 더 강화되면 강화되었지, 반대는 아닐 것이다. 성격도 확증 편향 증상이 있을까 궁금해진다.

나도 가끔 루틴을 깨고 싶다. 나는 'AI 같은' 사람이지, AI는 아니니까. 실제로 귀찮아서 할 일을 뒤로 미루면 살짝 일탈의 즐거움이 있다. 다만 어긋난 리듬을 다시 돌리려면 평소 이상의 노력이 필요하다. 잠깐의 일탈은 편하고 즐겁지만 맘이 그리 편하지 않다. 어차피 할 일이 사라지는 것은 아니기 때문이다. 다음 날 아침밥을 예약해서 앉히고, 건조대에 널린 빨래를 부지런히 개고, 밤 11시에 칼같이 잠드는 것은, 정말로 재미없지만 안정적인 삶을 영위하게 만든다. 특히 집안일은 내가 아니면 아내가 하거나 아들이 하겠지만, 막상 그들에게 돌리자니 불편한 부분이 있을뿐더러 맘에 들지 않는 마무리가 걸린다. 치우라고 한 소리 하기 전에 내가 치우면 될 텐데, 앓느니 죽겠다는 말이 괜히 있는 것이 아니다. 잠깐 피곤하고 한 번 더 움직여서 해치우면 될 일이다. 건조대에 걸린 수건을 개어놓지 않으면 큰일이 벌어질까? 그냥 건조대에서 걷어다 쓰면 그만이다. 굳이 차곡차곡 접어서 화장실에 가져다 두지 않아도 된다. 결과론적으로 따지면 아무 문제가 발생하지 않는다. 지나다니면서 건조대에 걸린 수건이 눈에 띄면 정돈되지 않은 느낌에 기분이 안 좋아질 뿐이다. 그런 별로의 기분, 화장실에서 그냥 나온 것 같은 기분을 갖지 않기 위해 부단히 개어서 옷장에, 화장실장에 넣어 둔다. 건조대의 가느다란 살들이 드러나 있을 때 마음의 평화가 찾아온다.

그러므로 육체적으로, 때로는 감정적인 에너지까지 소비하면서 루틴을 지키는 것은 즐거워서가 아니라 필요에 의해서다. 그런데 요즘 나는 세상을 사는 것이 참 재미없다. 로봇같이 일정한 시간에 일어나고, 회사에 가고, 청소를 하고, 빨래를 하고, 밥을 먹고, 글을 쓰고, 운동을 하고, 잠을 자는 그런 생활은 단순한 만큼 큰 위험도, 재미도 없다. 이런 건조한 삶이야말로 더 큰 일탈을 부르는 위험 요소라는 생각이 스멀스멀 찾아들었다.

지금 필요한 건 뭐? 루틴을 버리는 작은 일탈의 시도!

그래서 요즘은 아들의 방은 청소를 잘 안 해주고(특히 책상 정리! 어쩜 나와 완전히 다른 인간일까), 현관 앞 널브러진 신발들을 못 본 척 지나가기도 한다. 분리수거가 귀찮아서 다음 기회로 미룬 적도 있다. 하지만 아직 잠은 11시에 잔다. 마른빨래 개기도 포기하지 못했다. 어쨌든 혼자만의 약속과 루틴을 조금 느슨하게 했음에도 (당연히) 아무 문제가 없었다. 여전히 AI 같은 정확함이 심신의 안정, 일상의 유지에 훨씬 익숙하지만 살짝 텐션을 낮추는 마음가짐을 갖기로 다시 다짐해본다. 나는 AI 같은 '사람'이니까.

°아이에게 감정적으로 대하지 않아요

◇◇◇◇◇◇

좋은 습관을 들이기 위한 한 방편으로 스마트폰에서 앱을 하나 쓰고 있다. 매일 실천하는 항목에는 운동과 비타민 먹기, 책 읽기 등 내용이 다양한데, 그중 하나의 제목은 이렇다.

'아이에게 감정적으로 대하지 않아요.'

앱을 열어볼 때마다, 그리고 앱에서 주는 알람이 올 때마다 그 내용을 되새긴다.

아이는 신비한 존재다. 나와 아내의 유전적인 인자를 고르게 갖고 태어났다. 먹고 자고 싸는 동물적인 본능만을 가지고 있던 존재에서 논리적 대화가 가능한 수준으로 발전했다. 아직은 사회적으로 나약한 존재이지만, 핏덩이라는 표현이 적당한 때를 떠올려 보면 만 열 살이 된 지금은 놀라울 정도다. 언제 저렇게 컸을까 궁금하다.

그런데 커가는 아이의 모습과 함께 갈등의 양상도 다양해지고 골도 깊어진다. 세상에 내 마음처럼 따라주는 사람이 누가 있겠냐마는 아이에게는 유독 감정이입이 심하다. 가령 국어나 수학 문제를 풀 때 이해가 안 가서 모를 수도 있고, 기억을 못 할 수도 있는데 왜 그걸 모르냐고, 기억을 못 하냐고 채근한다. 이른도 완벽하지 않은데 아이에겐 완벽을 요구하며 내 기대만큼 되지 않는다고 기어이 혼을 내고야 만다.

여기저기 늘어놓은 책이나 장난감, 옷가지를 보면 '자기가 치우지도 않으면서 어지럽히기만 하네.' 하며 또 화가 오른다. 보통은 참고 넘어가지만 가끔 별 연관성 없는 이유로 폭발한다. 화를 내면 모두가 피해자다. 나와 아이 둘 다 상처만 남는다. 행동의 잘못을 지적하기보다는 감정으로 대응하기 때문이다. 물론 내 입장에서도 아이의 대꾸가 마음에 들지 않는 것은 사실이다. '죄송해요, 치울게요, 제가 깜빡했네요'라고 말하기보다는 항상 핑계를 대는 태도가 감정의 불씨를 끌어올린다.

이런 수많은 감정 소모의 끝에, 결국 매일 지켜야 하는 다짐에 '감정적으로 대하지 않기'를 넣게 된 것이다.

'화를 내기'로 결심하는 것은 자신이다. 화를 내서 문제가 해결되고 더 좋은 방향으로 발전한다면 화를 내야 한다. 그러나 대부분의 화는 관계를 더 악화시키고 문제를 해결하기 어렵게 만든다. (『나의 슬기로운 감정생활』, 이동환)

그러나 오늘 화를 참지 못하고 감정을 억제하지 못했다. 욱하는 마음이 올라와 아이가 읽어달라고 가져온 책을 멀리 던져버렸다. 그렇게 행동하게 된 이유가 있었지만, 아이가 보는 앞에서 매몰차게 책을 던진 건 이유 여하를 막론하고 참 못난 행동이다. 몹쓸 짓이고 해서는 안 될 일이었다. 매일 알람을 받고, 쳐다보면서 습관 들이기로 했던 약속은 무엇 때문에 한 것인가?

아내에게는 말과 행동을 조심하는 것은 상대가 어른이라서 그렇다. 반면 아이에게 그런 조심성을 보이지 않는 이유는 부모인 나는, 너의 보호자이면서 강자라는 인식이 이미 자리 잡은 터다. 그런 마음과 생각을 의도적으로 한 적은 없다. 본능적으로, 경험적으로 아무리 못되게 굴어도 이 아이가 나를 이길 가능성은 없다고 알고 있기 때문일 것이다. 감정을 마음껏 표출하고, 화를 내고, 혼내고, 윽박지르고, 못되게 해도 결국 최종 승자는 어른인 나다. 그걸 알기에 감정을 여과 없이 표출해버린 것이다. 아이의 잘못도 있지만 감정으로 대응하는 어른의 잘못이 훨씬 크다. 화를 낸다고 갑자기 아이가 문제를 잘 풀게 되는 것도 아니다. 그럼에도 항상 반성은 아이가 하고, 어른인 나는 네가 아직 더 배워야 하는 것이라고 가르치기만 한다. 이것은 감정적으로 대응한 것을 정당화하기 위해 훈육이란 핑계를 가져오는 것 이상도 이하도 아니다.

책을 던진 후 곧바로 사과했지만 며칠이 지난 지금도 그 행동이 머리에 맴돈다. 아이에게 필요한 건 제대로 된 훈육이다. 나이 어리다고 부모의 감정 배설을 받아들여야 할 이유는 어디에도 없다. 아들에 대한 사랑과 관심과는 별개로 감정에 치우친 행동에 반성한다. 좋은 아비가 되기에는 수양이 많이 부족한가 보다. 아이에게 부끄럽지 않은 아빠가 되기 위해 부끄러운 고백을 여기에 남겨본다. 인격적 성숙함의 부족을 고해성사하며 반성한다.

손 편지 쓰는 남자

매년 아내의 생일이 다가오면 생일 축하 카드를 하나 마련한다. 그리고 생일을 축하하는 인사를 성실하게 남긴다. 성의 없는 몇 줄이 아니다. 한 장을 빼곡하게 채운다. 결혼 후 단 한 번도 거르지 않고 손 편지를 보냈다. 편지는 주로 아내의 생일이 있는 11월과 크리스마스가 있는 12월에 카드에 써서 전한다. 보통 연말에 쓰게 되니 일 년의 안부를 한꺼번에 확인하는 셈이다.

처음에는 쓸 말이 많았다. 손으로 끄적거리는 걸 좋아하는 편이라 카드를 준비하는 마음의 부담도 크지 않았는데 해가 갈수록 점차 달라지고 있다. 특히 작년엔 처음으로 '무슨 얘기를 쓰지?' 하는 걱정을 했었다. 아내에 대한 사랑이 식어서? 에이. 그것보다는 이젠 서로 익숙해진 일상, 별다를 것 없는 모습들 때문이 아닐까 추측한다. 그래도 펜을 잡고 가만히 앉아 곰곰이 생각을 하다 보니 무언가 쓸 것이 머리에 떠올랐다. 며칠 뒤, 카드를 받은 아내는 흡족한 표정이었다.

어느 날 집안에서 각자 자리에 앉아 서로 조용히 스마트폰으로 무언가 하고 있는 모습이 내 눈에 들어왔다. 그럴 때면 부부 사이의 '대화'라는 형식이 낯설게 생각되었다. 생각은 계속 꼬리를 물고 커져서 같이 산다는 것이 무엇인가에 대한 근본적인 질문으로 자라났다. 카톡이나 메시지로 주고받는 대화도 많은 요즘이다. 같은 공간에 있다 해도 연애 시절만큼 궁금한 것도, 서로 이야기를 주고받으며 가까워질 필요가 없다.

서로에 대한 관심보다는 먹고사는 문제, 자식 문제, 부모님 걱정 같은, '우리 사이'보다 '우리를 둘러싼 것'에 대해 더 많은 이야기를 한다. 각자의 역할과 의무에 대해 이야기하는 양과 질에 비해, 배우자로서 서로를 케어하는 관심은 줄어들었다. 사랑과 관심을 확인하는 행위는 고작해야 영양제를 잘 챙겨 먹었는지, 혈압과 혈당은 어떤지를 물어보는 것일 뿐.

오랜 기간 같이 살면 이렇게 되는 것이 당연한 수순인가 싶다가도, 막상 무슨 말로 생일을 축하해줘야 하는지 걱정했던 모습을 떠올리니 그녀에게 더 관심을 갖기로 마음을 다잡는다. 그녀에게 쓰는 생일 편지는 생일을 핑계 삼아 잠시라도 정성스럽게 진심으로 아내를 생각하는 시간을 마련해준다. 진지하게 그녀를 향한 감정과 관심을 쏟을 수 있는 매개체다. 여전히 길을 걷다 손을 잡으면 설레는 감정이 드는 것을 보면, 늘 먼저 스킨십을 하는 것을 보면, 내가 그녀를 더 사랑하는 것이 맞나 보다. 그러니 편지도 꼬박꼬박 쓰는 것이겠지.

솔직히 언제까지 이렇게 카드를 써야 할까, 언제 적당히 아름답게 끝내야 하나 고민을 안 해본 것은 아니나, 막상 카드 한 장 없이 생일 축하 노래와 케이크만으로 넘어가기엔 내 마음이 아직은 편치 않다. 사랑하는 만큼 마음을 담아 올해도 어김없이 그녀의 생일을 축하하는 편지를 남길 것이다.

°부부 사이에 털 고르는 행위에 대한 고백

◇◇◇◇◇◇

아내는 나보다 키가 작다. 늘 올려다보는 위치다. 그래서일까 항상 내 코털을 잘 본다. 아니, 관심이 많다. 원래 그런 성격인 것이다. 조금이라도 삐져나온 코털을 보면 참지 못한다. 직접 잘라주려고 덤비기 십상이다. 남들에 비하면 난 코털이 많이 안 나온 것이라 말해도 소용없다. 그녀 눈에 띄면 그날로 바로 제거다. 예전에 코털 제거기를 선물로 받았었는데 이사하면서 어딘가 사라져버렸다. 그 이후 아내가 가위를 가지고 덤빌 때면 나는 얌전히 코를 맡긴다.

그녀는 귀를 잘 판다. 어렸을 적부터 다른 사람 귀 파는 것을 좋아했다는 본인 피셜. 모든 집안 어른들이 어린이였던 아내에게 귀를 맡겼다고 한다. 그것으로 용돈벌이까지 했는지 모르겠다. 남이 귀를 파주는 것은 참 묘한 행위이다. 귀 파기는 간혹 위험하기도 하다. 허나 아내의 귀 파기에 나는 편안함을 느낀다. 나는 그녀에게 잘못될지도 모를 위험을 감수하고 기꺼이 몸을 맡긴다.

그녀의 자신감만큼이나 귀를 참 잘 판다. 시원하기 그지없다. TV를 보다가도, 잠자리에 누워 핸드폰을 보다가도 갑자기 그녀는 옆자리의 내 귀를 염탐하는 편이다. 하지만 대부분 실망한다. 내 귓속에는 귀지가 별로 없나? 가끔은 아내의 기쁨을 위해 일주일에 한 번씩 귀지가 가득 차면 좋겠다는 엽기적인 상상도 해보았다.

나는 아내처럼 코털 제거나 귀 파기에 소질이 없다.

깔끔한 아내는 내 눈에 띄기도 전에 이미 코털은 잘 정리할 것이다. 나는 눈이 좋지 않아서 특히 귓속을 아무리 들여다보아도 귓밥을 찾지 못하겠다. 하지만 내가 딱 하나 해줄 수 있는 일이 있다. 바로 흰머리 제거다. 출산 이후에 그녀는 급격히 새치가 늘었다. 주변 동료들을 봐도 아이를 낳고 온 이후 부쩍 새치가 많은 것을 느낀다. 출산이란 여러 가지로 사람의 몸을 변화시키나 보다. 아이를 낳느라 생긴 흰머리를 보며 미안함과 안쓰러움을 느낀다.

생각해 보니 어렸을 적 어머니의 흰머리를 무척 많이 뽑았다. 개당 10원씩 받아서 100개쯤 뽑아 용돈 벌이를 했던 기억이 난다. 알고 보니 나는 어렸을 때부터 훈련된 흰머리 전문이었다. 그때는 어머니의 흰머리가 돈벌이 수단으로만 느꼈을 뿐, 늙어가는 어머니를 이해할 나이는 아니었다. 어린 나이였다고는 해도 이렇게 공감 능력이 떨어지는 사람이었나 후회가 된다. 어머니가 흰머리 뽑자 하면 그저 용돈에만 눈이 멀었었다. 불혹을 훌쩍 넘긴 이 나이를 먹어서야, 아내의 흰머리를 보면서 비로소 당신에게 죄송함을 느낀다.

이제는 아내의 그것이 새치인지 흰머리인지 구분이 안 될 정도다. 나이가 아직 40대 초반이니 새치라고 믿고 싶다. 귀 파는 것을 잘하던 사람이었듯 혼자서 흰머리 뽑기도 잘한다. 거울을 보면서 스스로 머리카락을 뽑는다. 혼자서 흰머리를 능숙하게 뽑는 아내의 기술은 그야말로 놀랍다. 하지만 가끔 나에게 맡긴다. 거울로 볼 수 없는 곳, 보더라도 직접 하기 어려운 위치에 있는 애들을 처리해 달라는 요청이다. 그러던 어느 날 뽑는 것이 더 안 좋다는 말을 어디서 봤는지 이제는 가위로 짧게 잘라달란다. 그 이후 나에게 머리를 더 많이 맡기게 되었다. 나도 이제 아내를 위해 해줄 수 있는 일이 생겼다.

하지만 난 노안이 와서 안경을 쓰고는 짧은 흰머리를 쉽게 잘라내지 못한다. 안경을 쓴 채 가까이 다가가면 오히려 잘 안 보이기 때문이다. 안경을 벗고 맨눈을 그녀의 정수리로, 이마로 부지런히 움직이며 사냥감을 찾듯 머리카락을 뒤적인다. 짧게 잘린 적이 있던 흰머리가 조금 자라면 더 눈에 띄게 머리카락 사이로 툭 튀어나온다. 더 볼썽사납다. 그런 녀석들을 자르는 것이 가장 난이도가 높다. 손에 한 번에 탁 잡히질 않아 가위질하기가 쉽지 않은 까닭이다.

"어디가 제일 신경 쓰여?"

"가르마를 타는 곳에서 유독 눈에 띄는 흰머리가 싫어."

그녀의 마음이 상하지 않게, 행여 옆에 있는 검은 머리카락이 잘리지 않게 조심조심 짧은 흰머리를 잘라낸다. 누군가 이 광경을 본다면 실소를 터뜨릴지 모르겠다. 남편은 노안 때문에 침침한 눈으로, 아내

는 머리카락 잘 보이도록 양손으로 머리카락을 가른 채 머리를 들이
댄 모습이라니.

유인원 사이에 털을 고르는 행위는 친근감의 표현이라고 한다. 물론
털 속에 숨어 있는 벌레를 제거하는 일차원적인 목표가 있다. 아내가
내 코털을 잘라주고, 내가 아내의 흰머리를 잘라주는 것도 역시 일차
원적이고 명확한 목표가 있다. 그런데 이런 행위를 하면 할수록 상대
에 대한 애정이 더 쌓이는 느낌이다. 엄연히 일종의 스킨십이다. 연인
사이에 주고받는 은근하고 달콤한 그것은 아니다. 아무리 친한 연인
사이일지라도 코털을 깎아주거나 흰머리를 뽑아달라는 부탁은 쉽게
하지 않을 것이다. 함께 산 부부가 서로 정돈을 해주는 것은 나름대로
정겨움이 있다. 상대에 대한 배려와 관심의 표현이다. 내 배우자의 코
털이 남한테 보이든 말든, 흰머리 때문에 속상하거나 말거나 내버려
두는 것은 상대에 대한 무관심이다.

서로 털을 골라주면서 상호 신뢰를 쌓는 침팬지마냥, 나는 오늘 아
침 아내의 흰머리를 골라주었다. 이렇게 우리는 서로의 치부를 보면
서 함께 늙어갈 것이다.

°제게 당신은 늘 젊은 시절입니다

◇◇◇◇◇

실로 오랜만에 원주에 계신 부모님 댁을 찾았다. 귀국 후에는 코로나로 인한 의무적 격리 때문에 못 가고, 이후엔 이사 준비로 바쁜 일정을 소화하느라, 그리고 실제로 이사하느라 바빴다는 핑계가 있었다.

오랜만에 뵈니 유독 아버지의 노쇠함이 눈에 밟힌다. 늘 단정한 모습으로 계셨던 것 같은데, 그날따라 흐트러진 머리카락이 확 들어왔다. 불편한 몸으로 계신 어머니를 향한 마음도 편치 않다. 자식이 늙는 모습을 보는 부모의 마음이 어떤 것인지 아직은 모르지만, 적어도 그 반대의 마음은 이제 확실히 알겠다.

나이가 들어 어엿한 가정을 꾸려도 부모 눈에는 늘 아기같이 느껴지고 맘이 불안하고 모자라 보이는 것이 자식이라 하였다. 먹는 거 잘 챙겨 먹는지, 길 건널 때는 조심하는지 걱정하는 것은 마음속에 여전히 어린아이로 각인된 까닭이다.

해외 생활 후 일 년 만에 어머니, 아버지를 뵙고 나니 내 마음속에도 당신들은 어떤 시간 속에 멈춰 계시기를 바라고 있었다는 걸 깨닫는다. 내가 늙어가는 만큼 당신들의 시간도 함께 흐르는데, 그걸 붙잡고 싶은 헛된 욕심이 마음 한편에 있었던 모양이다. 욕심과 현실의 괴리가 갑자기 크게 다가와 적잖이 당황하였다. 하긴 이제 팔순이 가까워 오시는데, 자식의 기억 속에는 지금의 내 나이 때쯤으로 부모님 모습이 박제된 채 있었다.

점심을 배부르게 먹고 어느덧 집에 갈 시간. 늘 그랬듯 먹을 것을 잔뜩 싸주셨다. 김치랑 밑반찬에 국, 얼려둔 식혜까지 이것저것 챙기니 한 짐이다. 미리 가져간 바구니가 모자라 아버지는 바깥에서 박스를 주워 오시기까지 했다. 전에는 이렇게 싸주시는 것이 싫었다. 짐처럼 느껴진 까닭이다. 특히 대학생 시절, 남의 시선에 더욱 신경 쓰던 때 집을 다녀오면서 냄새나는 음식을 양손 가득 들고 오는 것이 때론 부끄럽고 번잡스러웠다. 그런데 누구 말마따나, 해주실 수 있을 때 잘 받아오고 감사히 먹는 것이 효도라는 것이 맞다. 물론 너무 많이 가져왔다가 처치 곤란하여 버리거나 폐기하지는 말아야 할 일이다.

촌로의 아버지와 어머니 모습을 보니 마음 한편이 괜히 쓸쓸하다. 당신들의 삶을 좀 더 잘 기록해두었다면 어땠을까 생각한 적이 있다. 클 때는 크느라고 관심 없었고, 가정을 꾸리고서는 우리들끼리 복작복작 산다고 시간이 지나갔다. 나이가 들어보니 내 부모님의 일대기가 괜히 궁금해지는 것이다. 자식이 아니면 누가 관심을 갖고 기억해주겠나.

어른의 사랑은 아이일 때 어떻게 사랑받았는지를 추억하는 것이 아니라, 부모가 우리를 사랑하기 위해 무엇을 희생했는지 상상해보는 것이어야 한다. (『사랑의 기초』, 알랭 드 보통)

책에서 이 문장을 맞닥뜨렸을 때, 참으로 큰 충격을 받았었다. 사랑 받고 자랐지만 늘 마음속에서는 부족했던 것만을 떠올렸었다. 이기적이고 자기중심적인 나였기에 당연하다. 내가 부모가 되어보니 그제야 아, 우리를 키우느라 당신들은 어떤 것을 포기하셨었나 돌아보게 된다. 오늘따라 유독 이 문구가 스산하게 다가온다. 사진을 취미로 하던 시절에 어머니가 하신 말씀이 있다.

"그래, 너라도 그런 취미를 갖는 게 좋지. 아버지는 하고 싶으신 게 많았지만 못하셨잖니."

쭈그려 앉아 열심히 반찬을 담아주시는 데 본의 아니게 휑하게 빈 아버지의 머리카락을 위에서 내려다보았다. 그런 모습에 나는 어떤 부모가 되고 있는지, 나는 당신들처럼 살 수 있을까? 당신들의 희생이 우리를 이렇게 키워내셨음에 마음이 무겁고 감사하였다.

°커피 한 잔, 가족의 행복

◇◇◇◇◇◇

싱가포르 살 때의 일이다. 밸런타인데이에 아내에게 네스프레소 머신을 선물했다. 평소 네스프레소 매장을 지날 때마다 하나 살까 얘기를 하곤 했지만 늘 사지 않고 돌아섰다. '우리는 커피 잘 안 마시는 사람들이니까'라는 이유였다. 아내나 나는 남들처럼 하루에 몇 잔씩 커피를 입에 달고 살지 않는다. 기껏해야 하루 한 잔 정도 마시는 편이다. 일상에 커피가 메인이 되지 않았었다. 그래서 괜한 욕심부리지 말고 그냥 가자, 하면서 매장을 나오기 일쑤였다.

나이가 들면서 급격히 떨어진 것 중의 하나가 구매 만족감, 지름 후 만족의 지속성이다. 예전에는 뭐 하나 사려면 열심히 검색하고 가능한 예산 안에서 가장 좋은 옵션을 골라 긴 고민 끝에 사곤 했다. 그렇게 사들인 제품이니 얼마나 애지중지하겠는가. 그러나 나이가 들면서 뭘 사더라도 대충 고르고, 구입한 후에도 감흥이 며칠을 가지 못한다. 솔직히 이제는 복잡한 고민과 계산이 귀찮고 적당한 선에서 선택을 하고 싶은 까닭이다. 자기 효능감이 떨어진 것이다.

게다가 커피는 지독한 기호 식품이다. 기호 식품이란 "사람 몸에 필요한 영양소가 들어 있는 것은 아니지만, 독특한 향기나 맛 따위가 있어 즐기고 좋아하는 식품이며 술, 담배, 차(茶), 커피 등이 있다"라고 정의한다(네이버 사전). 즉 며칠 또는 몇 달 마시지 않고 지내도 사는 데 아무 영향이 없다. 평생을 커피란 것에 노출되지 않는 사람도 있을 것이다. 아내나 나 모두 커피 애호가는 아니니 더더욱 필요 없는 것을 괜한 충동으로 샀다가 후회할 것 같은 걱정을 한 것이다. 그러니 선물로 커피 머신을 사려고 할 때 과연 우리가 이걸 잘 쓸까 하는 고민으로 주문 버튼 누르기를 한참 망설였던 게 당연하다. 이런 합리적 이유에도 불구하고 충동적으로 구입했다. 밸런타인데이 며칠 전 매장에 들러서 판매 프로모션을 보았지만 늘 그렇듯 그냥 나왔을 때, 내심 아쉬워했던 아내의 표정이 유독 뇌리에 남았었기 때문이다. 그렇게 우리 집에 온 커피 머신은 꽤 쓸모 있게 역할을 하게 되었다.

선물의 당사자였던 아내는 부지런히 디카페인 캡슐을 검색해서 사 모았다. 어울리는 커피잔이 없다며 썩 예쁘게 생긴 보덤(Bodum) 잔 세트도 구입했다. 아무 잔에나 마시면 될 것 같은데 그게 아니란다. 막상 그녀가 구입한 잔을 보니 잘 샀다 싶었다. 재택을 하면서 의도치 않게 관찰해보니 아내는 오후쯤 집안일에 힘들 때 커피를 마신다는 것을 알게 되었다. 내 선물이 그녀가 잠시 쉬는 시간에 도움을 줄 수 있다니 다행이라 여겨졌다.

코로나 이후 재택을 하게 되면서 내게는 아침 커피 한 잔이 루틴이 되었다. 일 시작한 지 한 시간쯤 지나면 유독 커피가 당긴다. 입이 심심한 것이다. 주방에 가서 오늘은 뭘 마실 수 있나 살펴본다. 그날 맘에 드는 캡슐 하나를 툭 꺼내어 추출해서 자리에 다시 돌아오곤 한다. 난 이 캡슐이 참 맛있더라와 같은 취향은 아직 없다. 그저 갓 뽑아낸 캡슐 커피가 환기시켜주는 분위기를 즐긴다. 좁은 방 안의 냄새도 좋게 만들어준다.

무엇보다 좋아하는 사람은 아들이다. 아들이 집에 있을 때 커피 한 잔 내려서 마시려고 하면 '내가 할게' 병이 도진다. 우선 기계를 작동시키는 재미가 있는 것이다. 그리고 올 초 유행했던 달고나 커피 이후에 잔뜩 라테아트에 관심을 보이더니 가끔씩 자기가 라테를 타 주겠다며 난리다. 그럴 때면 '여기 라테 한 잔이요.' 하고 주문하면 끝이다. 열심히 만들어서 뚝딱 내 앞에 가져다준다. 커피숍에서 만날 수 있는 퀄리티는 아니지만 무엇이 문제랴. 자식 키우는 재미가 이런 것인가 싶다.

지난 주말 비보시티(VivoCity)에 외식을 하러 갔다. 사람들이 바글바글하다. 돌아오는 길에 저 멀리 네스프레소 매장이 눈에 들어왔다. 캡슐이 거의 다 떨어졌다며 좀 보러 가자고 한다. 역시 더 신난 사람은 아들이다. 원래도 그랬지만 요즘 들어 살림살이에 관심이 많다. 나는 많이 피곤했지만 말없이 따른다. 쇼핑몰을 돌아다니는 사람들은 잔뜩인데 네스프레소 매장엔 사람이 거의 없다. 하긴 너무 많이 들어오지 못하게 인원수 조절을 하니까 그렇다. 여유롭게 구경하는데 점원이 다가와 프로모션을 알려준다. 네스프레소 회원인지 확인하더니 10개 팩(총 100캡슐)을 사면 사은품으로 유리잔과 받침 세트나 캡슐 디스펜서를 준다는 것이다. 그렇게까지 많이 사야 하나 싶은데 아내의 말, "생각보다 많이 먹더라고."

사겠다는 얘기다. 사은품은 언제나 그녀의 구매욕을 채찍질한다. 10팩에 72 싱가포르 달러인데 사은품도 있으니 어차피 살 것이라면 좋은 구매 조건이다. 두 개의 옵션 중에 무엇을 고를까 고민이 시작되었다. 아들은 유리잔을, 아내는 디스펜서를 서로 주장했다. 갑자기 분위기는 토론으로 바뀌었다. 나는 그저 둘의 토론을 즐겁게 바라보았다. 긴 고민과 협의 끝에 유리잔과 받침 세트를 택했다. 디스펜서 역할을 하는 받침대를 이미 사기도 했거니와, 아들이 더 나서서 유리잔이 예쁘다며 이걸로 하자고 강력히 주장한 까닭도 있다(정작 집에 돌아와 검색하더니 디스펜서가 더 비싼 것이라며 안타까움을 전하는 아내!).

일요일 아침, 새로운 커피 맛을 보고 싶었다. 아침 설거지를 거의 끝내고 아들에게 라테를 부탁했다. 지이이잉~ 하는 익숙한 추출 소리와 함께 진한 커피 향이 내 코를 간지럽혔다. 희한하게 새로 산 커피 향은 유독 좋게 느껴진다. 식사도 했겠다, 설거지도 끝났겠다, 식탁에 앉아 일요일 아침을 잠시 즐기기로 하였다. 한 입 마셔보니 세상 마음이 좋아진다. 우유가 조금 많이 들어가 맛은 살짝 아쉽지만 부드럽게 마실 수 있어 편하다. 별것도 아닌 커피 마시는 순간이 나를 즐겁게 해주는구나. 아내 말처럼 '생각보다 많이' 마시게 된 우리 모습을 보며, '진즉에 하나 들여놓았으면 좋았을 것을······' 하는 생각을 했다.

〈신박한 정리〉라는 프로그램을 보았다. 집에 있는 물건들을 살피고, 욕구와 필요를 구분해서 욕구에 해당하는 것은 가급적 버리라고 조언한다. 정리를 부탁한 출연자들은 고심 끝에, 혹은 과감하게 오래되거나 잘 쓰지 않는 물건을 '욕구'의 상자 안에 넣는다. 물욕은 인간의 본성이다. 덜 가지고 싶어 하는 사람은 세상에 그리 많지 않다. 쓰임을 다한 것 같은 물건, 작동하지 않는 오래된 유물도 추억을 회상하는 용도가 된다. 한 출연자는 20년도 더 된 옷을 버리지 못했다. 알뜰해 보이면서도 저 정도면 미련이 아닐까 싶었다. 물건을 버리지 못하는 욕구란 정말 소유하고 싶은 마음보다는 특정한 물건에 자아를 투영시켜 페르소나로 삼거나, 영광스러웠던(또는 잊기 싫은) 과거에 대한 매개 수단일지 모른다.

커피 머신은 우리 가족에게 필요보다는 욕구였다. 사실 없어도 그만이다. 없으면 없는 대로 살아진다. 그런데 막상 집에 두고 사용해 보니 욕구가 때로는 필요로 바뀔 수도 있구나 싶다. 욕구인 줄 알았던 것이 삶에 어느 정도 영향을 주어야 과연 필요라고 부를 수 있는지 궁금해진다. 아마 쓸모와 사용에 따른 만족도(구매에 따른 효능감?)가 크게 영향을 주는 것 같다. 정리의 여왕 곤도 마리에는 가슴 설레지 않으면 버리라고 했다. 그것을 기준으로 그녀는 필요와 욕구를 구분하라고 말한다. 주방 한편에 다소곳이 자리 잡은 커피 머신을 볼 때마다 설렘이 있으니 필요가 맞다. 이럴 줄 알았으면 좀 더 일찍 사서 즐길 것을 그랬다는 생각도 들고, 오랜 고민의 숙성 끝에 들인 물건이라 더 유용하게 쓰고 싶은 마음이 저절로 생겨난 것인가 추론해본다.

그깟 커피 머신 하나 사놓고 별생각을 다 한다고 할 것 같아 이만 줄여야겠다. 행복을 돈으로 살 수 있는가라는 어리석은 질문에 대해 놀랍게도 연구 결과가 있다. 결론은 이렇다.

'물질보다 경험을 소비하면 행복해진다.'

돈의 효용 가치는 경험에서 찾는 게 맞다. 아내는 아내대로, 나는 나대로, 아들은 아들대로 커피 머신에서 각자의 즐거움을 누리고 있다. 홈 카페니, 뭐니 그럴듯하게 이름 붙일 필요도 없다. 새삼 잘 샀다는 결론. 생활의 작은 여유가 커피 한 잔에 담긴다.

°아내는 언제나 옳다

◇◇◇◇◇◇

내비게이션, 엄마, 아내.

세 가지의 공통점은? 일생이 편하려면 남자가 따라야 할 세 여자의 말이란다. 어머니가 수술하셨는데 코로나 때문에 변변한 병문안을 한 번 못 갔다. 얼마 전 퇴원하시고 마침내 주말을 맞아 찾아뵙기로 했다. 시국이 시국인 만큼 오랜 시간 머물 수는 없었다. 4인 이상 모이면 안 되는 것 아니냐는 어린이(아들)의 걱정도 덜 겸, 아들 가족 왔다고 이것저것 차리실까 부담드리기도 싫어서 점심 전에 뵙고 돌아오기로 하였다.

주말 짧은 나들이를 준비하며 아내는 며칠 전부터 분주히 검색 중이었다. 뭐 하냐고 물으니 이번에 시댁 갔다가 일찍 떠나는 것이니 근처에서 뭔가 해볼 것을 찾는단다. 부모님 댁을 찾으면 집에만 있다가 돌아오는 것이 일반적이었다. 자주 뵙지 못하니 이야기를 나누다 보면 어느새 고속도로 막히기 전에 돌아갈 시간이 되곤 하는 것이 일쑤였다. 명절에는 하루 잠을 청하니 시간이 많은 편이지만, 명절이라는 특수성 때문에 집안일이 더 많아서 어디 나갈 엄두도 못 내곤 했다. 돌아올 때는 이것저것 싸주시는 음식 상할까 다른 곳에 들리지 못하는 것도 이유였다.

이번에는 잠깐 있다가 오는 터라 점심 먹을 곳부터 시작해서 관광코스를 짰나 보다. 잠들기 전, 내일 모두 운동화 신고 가자고 한다. 뭐 해야 하나 보네, 이러니까 그렇다고 끄덕끄덕. 근처 소금산 출렁다리를 한번 가보자는 것이었다. 그러고 보니 들은 적은 있는데 그게 집 근처에 있었는지도 몰랐다.

어머니 얼굴을 뵈니 걱정보다 훨씬 밝다. 마음이 놓였다. 여든이 다 되신 나이에 전신마취 수술을 하셨으니 얼마나 힘드셨을지 도통 상상이 어렵다. 완전히 나으신 것은 아니지만 편한 얼굴을 보여주셔서 기뻤다. 예정대로 일찍 떠나 아내가 검색한 식당으로 향했다. 내비게이션이 친절하게 알려주어 초행이지만 어렵지 않게 찾아갔다. 역시 말을 잘 들으면 어디든 찾아간다. 식당엔 손님이 한가득이다. 먹기도 전에 맛집이란 기대감이 올라왔다. 음식을 먹어 보니 과연 그렇다. 아들도 한 그릇 뚝딱 금방 비웠다. 아내도 어느 때보다 열심히 맛있게 먹었다.

"결혼하고 시댁 와서 처음 외식이네."

아니, 그렇지는 않아, 여보. 첫 외식은 아니지. 하지만 온전히 우리 세 식구만 시댁 근처에서 따로 밥을 먹은 건 처음이 맞다. 부모님 입장에선 아들 가족 왔으니 집 밥 먹여서 보내고 싶은 마음인 것은 당연한 것. 그러다 보니 외식은 쉽지 않았다. 시댁 방문의 루틴을 깨는 상황만으로도 아내는 기분이 좋은가 보다.

밖을 보니 날씨가 우중충하였다. 외식으로 이미 기분이 좋아지기도 했겠다, 살짝 귀찮은 탓에 짐짓 날씨 탓을 대며 '좀 흐린데?(딴 데 가지 말자.)' 하고 작은 반항을 해보았다. 아들도 옆에서 거들었다. 아들과 나는 비슷한 과라서 외출보다는 집을 더 좋아하기 때문이다! 그러나 아내의 단호한 거부로 아무 일도 없던 것처럼 자연스럽게 다음 코스로 향했다.

다음 목적지에 도착했을 때 예상대로 비가 추적추적 내리기 시작했다. 우산을 한 개만 챙겨 와서 어쩌나 싶었는데 차에 여분이 있지 않은가. 도무지 올라가지 않을 핑계가 없다. 정상까지 오르는 길만 남았을 뿐이다. 578계단의 시작점까지 걸어가다 보니, 다행히 비가 그쳤다. 계단을 타기 시작했다. 막판에 조금 땀이 나고 숨이 찰 뿐 그리 힘들지는 않았다. 과정의 고단함은 정상에서 항상 잊게 된다. 드디어 마주한 출렁다리. 처음엔 내키지 않았지만 와보니 참 좋았다. 토요일엔 게임 시간 때문에 마음이 콩밭에 가 있던 아들 녀석도 그저 좋다고 하였다. 대신 출렁다리가 기대보다 안 출렁거려서 실망이라나. 나는 오금이 저린데 말이다. 내려다보는 풍경과 때마침 내린 짧은 비 덕분에 시원한 산바람이 정말 상쾌했다. 이렇게 좋은 곳이 시댁 근처에 있는데 왜 여태 안 찾아왔나 모르겠다는 아내 말에 또 한 번 미안하였다.

돌아오는 길에 아내가 대뜸, "거 봐. 내 말 듣기 잘했지?" 이런다. 아들과 나는 할 말이 없다. 틀린 것이 없기 때문이다. 날씨가 조금 흐리다고 발길을 돌렸다면 이렇게 멋진 풍경과 자연을 만날 수 있었을까. 약간의 귀찮음으로 잠깐 회피해보려던 자신이 살짝 부끄러워졌다. 비단 오늘만 그런 것이 아니라 평소에도 집돌이 남편과 아들 데리고 나가서 활동시키느라 아내가 고생이다. 호수공원 산책시키랴, 아들 자전거 태우랴, 가족 운동하랴. 그나마 우리가 대놓고 반항하거나 말을 거역하는 편은 아니라서 갈등은 거의 없다. 다만 많이 답답해하긴 한다.

아내 말 따라서 손해를 본 기억이 별로 없다.

그녀는 나보다 훨씬 추진력이 좋다. 최근 주식 청약만 해도 그렇다. 핫한 종목인 건 알았지만 할까 말까 시큰둥한 나를 부추겨 계좌개설부터 청약까지 일사천리였다. 그래서 조금이라도 이득을 봤으니 잘된 일이다. 싱가포르 살 때도 그랬다. 시간 있다고 천천히 여행할 것이 아니라 부지런히 주변을 다니자던 걸, 가끔 편하게 받아들이지 못했던 것이 솔직한 마음이었다. 그런데 코로나 때문에 전 세계 여행이 이렇게 막힐 줄 누가 알았으랴. 코로나가 스멀스멀 시작될 즈음 마지막으로 다녀온 푸켓이 끝이 될 줄 상상도 못 했다. 그때도 살짝 반대했으나 아내가 강력하게 주장해서 다녀온 것이 결국 신의 한 수가 되었다. 그녀의 추진을 반대했으면 해외 생활에서 많은 추억을 남기지 못했을 것이 분명하다. 주말에 집돌이 기질이 발동하여 어디 널브러져 있을라치면, 벌써 괜찮은 카페나 맛집을 다 검색해둔 덕분에 심심하지 않은 하루가 만들어지곤 하였다. 말 안 듣고 꾸물거렸다간 한 소리 들을 것이 뻔하니 나쁜 짓 아니면 괜히 반항할 이유가 없다. 어쩌면 그녀에게 길들여진 것일지도 모른다.

그러니 오늘의 교훈. 길에 나서면 내비게이션을 거역하지 말 것이고, 클 때는 어머니 말씀 잘 듣는 자식이 되는 것이 좋다. 물론 결혼 후에는 아내의 말을 잠자코 따르자. 그녀(들)는 언제나 옳다.

° 예측할 수 없으니까, 그것이 인생

◇◇◇◇◇

　귀국하고 얼마 안 되어 국내 리조트로 가족 여행을 갔었다. 호텔이나 리조트라면 사족을 못 쓰는, 한창 들떠서 갔던 아들 녀석의 입이 대자로 나왔다. 리조트가 후져서 별로라나. 아내와 나는 기가 차서 배부른 소리 한다, 한 번 청소년 수련원 같은 데 가봐야 할 것이라고 대꾸를 했었다. 녀석의 본격적인 기억은 아무래도 싱가포르 생활일 것이다. 어쩌다 보니 일급 호텔 위주로 여행을 가고 럭셔리 라이프를 경험하게 만든 것이 문제라면 문제일 터. 그러다가 상대적으로 초라한 국내 리조트의 모습과 룸 컨디션을 보니 받아들이기가 어려웠을 수밖에.

　아들의 성장을 보며 난 이 친구의 삶이 가끔 부럽다. 진심이다. 지금 사는 집에는 아들의 방이 근사하게 꾸며져 있다. 누나와 형의 것을 물려받으며 자라야 했던 나와 다르다. 외동 아들에겐 모든 것이 한 사람을 위해 준비되고 세팅된다. 하루는 침대에 누워, 야 나도 너처럼 어렸을 때 이런 방이 있었으면 어땠을까? 이런 말이 저절로 나오기도 했다. 같은 나이에 내가 갖지 못했던 환경을 가진 아들. 전혀 다른 성장기를 보내고 있다는 것이 신기하고 재미있다. 그러고 보면 나 역시 부모님의 그것과는 완전히 다른 일생을 보내는 중이다. 당신들의 삶이나 생각, 기대와 다를 수 있는 ─ 다를 수밖에 없는 ─ 내 삶은 어쩌다 이런 길을 걷게 된 것일까? 지나온 삶의 궤적이 그저 새롭게 나를 각성시킨다.

싱가포르에서 어느 날. 언제나처럼 뜨거운 볕을 온몸으로 받으며 길을 걷다가 이런 생각을 한 적이 있다. 단 한 번이라도 내가 가족들과 해외에서 이렇게 살아볼 줄 알았을까? 누군가는 원대한 목표 의식을 두고 자신의 삶을 계속 관리하면서 원하는 것을 쟁취하면서 살아간다. 나는 그런 종류의 사람이 아니라서 되는 대로 주어진 문제를 충실히 해결해가면서 하루하루를 채워간 것이 사실이다. 운이 좋았다. 대학원 시절, 미국에 있는 교수와 교환학생 제도를 운영하는지 알지도 못하고 들어간 실험실 선택 덕분에 나에게 1년의 미국 연수 기회가 주어졌었다. 회사에 취직해서 20여 년을 연구직에 있을 줄 누가 알았을까. 주재원이 될 뻔했다가 상황이 급변해서 포기했었는데 몇 년 뒤 운좋게 결국 그 자리에 갔다. 욕심부린다고 무조건 되는 것도 아니요, 포기했다고 세상 끝이 아닌 것도 깨달았다. 브런치에 혼자 조용히 쓰던 글을 누군가 알아봐주고 책으로 내준 것은 또 어떻고. 인생이란 정말 "알 수가 없다."

꿈을 꾸고 욕심을 부려서 원하는 인생을 살아가는 것도 재미있겠지만, 주어진 환경과 조건에서 잘 꾸려가며 충실하게, 그러면서 발생하는 의외의 상황을 살아보는 것도 나쁘지 않다는 생각을 한다. 어쩌면 그게 내 성장의 한계일지도 모르지만 그렇게 살아보니 나쁘지 않다. 포레스트 검프의 유명한 대사처럼 "Life is like a box of chocolates. You never know what you're going to get.(인생은 초콜릿 상자와도 같다. 당신이 무엇을 얻게 될지 모르기 때문이다.)"이다. 또한 『여덟 단어』(박웅현)에는 비슷하지만 또 다른 표현이 있다. 작가는 인생철학을 '개처럼 사는 것'이라고 했다. 관련된 그의 인터뷰를 보자(〈문화일보〉 수요초대석).

"개 같은 인생이 아니고, 제 인생 목표는 개처럼 살자입니다. 왜냐하면 개들은 현재에 집중하거든요. 개는 주인이 오면 반갑게 꼬리를 흔들고 밥을 주면 그 밥 먹는 데에 온 신경을 쏟지, 꼬리를 흔들며 내가 어제 주인에게 꼬리를 좀 덜 흔든 것 같은데 주인이 기분 나빠 할까, 조금 더 세차게 흔들어볼까 하는 등의 고민을 하지 않지요. 개는 밥을 먹으면서 어제의 꼬리 치기를 후회하지 않고, 잠을 자면서 내일의 일을 미리 걱정하지 않는다고 해요. 개들은 밥을 먹을 때 밥만 먹고 잠을 잘 때는 잠만 자거든요. 집중을 하거든요. 개처럼 미리 걱정하지 않고 순간에 집중하면 그곳에 답이 있습니다."

해외 출장이나 여행에서 돌아오는 비행기에서 항상 느끼는 감정이 있다. 몇 시간 전만 해도 지금과는 전혀 다른 곳에 있었던 나였는데 다시 한국의 자리로 돌아오는 것이 진심으로 신기하다. 그게 뭐 대수냐 하겠지만 어딘가 가끔은 인생이 이렇게 다양한 이벤트들로 채워져간다는 것이 신비롭게 느껴진다.

그런 차원에서 나는 아들의 미래가 자못 궁금하다. 이 친구가 지금 하는 공부나 성적은 크게 관심이 없다. 나와 다르게 어떤 삶을 살아갈지가 너무너무 알고 싶다. 바라건대 과거에 집착하지 말고, 미래를 두려워하지 말고 현재에 충실하게 주어진 날을 채워가며 살기를 바란다. 만약 과거나 미래로 잠깐 데려다주는 타임머신이 있다면, 그리고 그것이 단 한 번의 기회만 주어진다면 나를 위해 쓰기보다는 아들의 미래가 어떨지 살짝 엿보는 데 쓰고 싶은 정도이다. 무엇보다 아들 앞에 주어질 미지의 세상을 한껏 설레는 마음으로 응원해 주고 싶다.

°아빠는 들어주잖아

◇◇◇◇◇◇

요즘 아들의 최대 관심사는 게임이다. 작년 초반까지만 해도 마인크 래프트 하는 시간이 제일 즐거웠는데 이제는 쳐다보지도 않는다. 최 근에는 브롤스타즈를 한다. 아쉽지만 그에게 주어진 게임 시간은 무 척 제한적이다. 어찌나 그날만을 학수고대하는지 옆에서 보면 재미있 고 안쓰럽다. 마치 게임 캐릭터가 된 양팔을 위아래로 흔들면서 행동 하거나 각 캐릭터의 음성 흉내를 내곤 한다. 특이하게 꼭 내 앞에서 그런다.

"넌 왜 내가 잘 모르는데도 와서 종알종알 떠드는 거니?"

"아빠는 들어주잖아."

"엄마는?"

엄마는 듣지 않고 만날 핸드폰만 한단다. 아이고야.

소통에서 중요한 것은 경청이라고 한다. 내가 했던 행동이란 것이 별 것 없다. 어차피 아이가 하는 이야기의 절반 이상은 모르지만 조금이라도 알고 있거나 본 적 있으면 그건 어떻게 하는 거냐, 네가 좋아하는 캐릭터는 뭐냐, 왜 그런 공격/방어를 했냐와 같이 아주 사소한 것이었다. 그렇지만 그걸 받아들이는 사람 입장에선 자기 이야기를 '들어주는' 행위로 이해한 것이다.

나의 이야기를 들어주는 사람은 누구일까?

회사에서 과업에 대해 이야기를 하면 같이 일하는 동료가 내 말을 들어준다. 거창한 사업의 의도와 미션을 떠나 밥벌이 수단이라는 하나의 공통된 목표를 가지고 있기 때문이다. 사람을 움직이기 위해서는 공감의 기제가 상당히 중요하다. 그러나 냉정히 보면 굳이 공감이나 동감하지 않아도 반드시 해야 할 일이기 때문에 화자의 의도와 무관할 때도 있다. 회사의 위계질서와 개인에게 주어지는 역할이 누군가의 말빨을 가늠하는 것이지, '인간 대 인간'으로서의 소통은 다르게 볼 수 있다. 어떤 말을 하더라도 상대가 들어줄 자세를 취하는 물리적, 사회적, 관계적 상황이다. 슬프게도 그 자리에 내가 아닌 다른 누군가가 있어도 충분하다는 뜻이다. 물론 같은 말이라도 전달의 방법과 형성된 관계에 따라 효과는 다르다. 어쨌거나 경청하고 받아주는 동료들이 있어 감사할 따름이다.

집에서는 상황이 조금 다르다. 아들의 말을 들어주기도 해야 하고, 아내의 잔소리를 받아 주기도 해야 한다(이것은 유부남의 숙명). 밖에 나가면 나름 말빨 좀 먹히는데 집에선 어째 주로 듣게 된다. 어떤 때는 그날 점심에 뭘 먹었는지 정도의 가볍고 사사로운, 그리고 별다른 동의가 없어도 충분히 듣고 떠들 수 있는 이야기로 가득 찬다. 그렇지만 '가족이라는' 사회도 역할과 책임에 따른 대화의 주제가 오고 가기 마련이다. 예를 들면 아내와는 집안 대소사, 경제 상황과 같은 공동의 노력이 필요한 일을 다룰 때가 많다. 아이와는 학교, 학원, 수학 숙제, 줄넘기 학원 같은 학생으로서의 의무에 대한 강요나 전달이 주로 있기에 미안할 따름이다.

그러니 자연인으로서, 한 인간으로서 나의 이야기가 시작될 수 있는 것은 책을 읽는 순간과 이렇게 글을 쓸 수 있는 시간과 장소에 이르러서야 가능하다. 가족이나 회사 동료 그 누구와도 접점이 나오지 않으면서, 누군가와는 소통하고 싶은 주제나 이야기가 분명히 있다. 어떤 경우는 그들에게 고마운 마음, 사랑하는 감정을 말하고 싶지만 쑥스럽고 어색해서 그나마 찾은 수단이 글이라는 방법을 찾기도 한다. 지금 쓰고 있는 생각의 타래 같은 것이다. 이야기마다 적절한 독자(또는 청자)가 있다. 12살 아들을 붙잡고 이런 이야기를 한들 공감하겠는가. 옆자리 동료에게 가정의 대소사를 시시콜콜 털어놓을 이유 또한 없다.

아들에게 '이야기를 들어주는 아빠'가 있듯이 누군가도 나의 이야기를 들어주기를 바라 마지않는다. 나만의 공간에서 일상다반사의 소중함을 읊조려본다. 사소하지만 글을 잘 읽었다고 남기는 좋아요나 댓글의 힘을 입어 글을 쓰는 에너지를 충전한다. 조심스레 글을 통해 털어놓는 기회가 소중한 이유다. 그래, 어쩌면 우리 모두 '누군가 내 얘기

를 들어주길' 바라는 욕망으로 가득 차 있기에 열심히 분투하듯 글을
쏟아내는 것이 아니겠나.

°아이가 내 곁을 떠나감을 느끼며

◇◇◇◇◇◇

이 집으로 이사를 할 때 아들과 약속을 했다.

"네 방이 생기면 혼자 자는 거야."

아들의 수면 독립은 우리 부부의 숙원 사업이었다. 영화나 드라마에서 '잘 자렴.' 하고 아이에게 인사하며 방을 나가는 모습이 그렇게 부러웠다. 솔직히 당분간 그런 일은 일어나지 않을 것 같았다. 워낙 예민하고 마음이 약한 탓에 작게라도 낯선 소리가 들리거나 환경이 바뀌면 잠을 뒤척이는 녀석이라 절대 혼자 잠을 자지 못할 것이라 생각했다. 아이 방에 침대를 넣어주면서도 아내와 이런 예견을 했다. 분명 우리 둘 중 한 사람이 여기서 자게 될 거야. 침구랑 침대는 좋은 거로 두자.

그런데 예상과 다른 일이 실제로 일어났다. 아직 잠들 때까지 엄마가 곁에서 지켜주긴 하지만, 잠이 들면 다음 날까지 혼자 자기 방에서 잠을 자고 일어난다. 이것 하나만으로도 우리에겐 큰 사건이다. 아이가 자라면서 저절로 독립적인 개체로 변화하는 모습은 흥미진진하다.

하루는 주말에 아내와 데이트를 나서는데 아들 녀석이 어쩐 일인지 늦게 들어오라는 말을 하였다. 이유를 물어보니 자기만의 자유 시간을 갖고 싶다는 것이었다. 집을 나서서 한 5분 지났을까, 이번엔 문자로 '늦게 와.' 이런다. 사춘기에 막 접어드는 것 같아 아내는 혹시 이상한 짓을 하는 거 아니냐며 괜한 의심을 하였다. 그러지 않고서야 혼자 있는 것을 별로 좋아하지도 않는데 우리가 없는 걸 반기지 않을 것이라는 말이다. 벌써 그렇게 되었나 싶었지만 아직 그런 정도로 약삭빠르지는 않으니, 정말 본인 말마따나 혼자 있고 싶을 수도 있는 거 아니냐고 했다.

그렇게 녀석에게 자유시간을 주고 난 후, 저녁을 먹는데 아들이 안절부절못하더니 이내 고백을 하는 것이다. 우리가 없는 사이에 아빠 생일 선물을 사러 길 건너 백화점 매장에 혼자 다녀왔단다. 깜짝 놀랐다. 아니, 오늘 아침만 해도 내 오래된 팬티를 자기 내복 위에 겹쳐 입고 슈퍼맨처럼 돌아다니며 까불거리던 녀석이 이런 대견한 행동을 했다니 믿을 수가 없었다. 성격 급한 아들은 이내 자기 방에 들어가더니 준비한 선물을 꺼내왔다. 입 냄새를 없애주는 제품이었다. 이거 혹시…… 아빠에게서 입 냄새나니 조심하라는 거니?(이거 말고 더 준비한 것이 있는데 그건 아마도 생일날 보여줄 것 같다. 그것 역시 참지 못하고 엄마에게만 속닥속닥 고백한 아들! 아내 말로는 나를 위한 것이 아니라, 본인이 사고 싶은 것을 다 산 것 같다나!)

얼마 전 가족 나들이 길에 전기 스쿠터를 타보고 싶다고 졸라서 그러라 했다. 오가며 봐왔는데 속으론 꽤 하고 싶었던 모양이다. 처음엔 어설프게 운전하더니 이내 곧 잘 탄다. 혼자 저만치 앞서 나가는 모습을 보면서 갑자기 기분이 싱숭생숭하였다. 어느새 저렇게 컸나. 멀어지는 순간순간이 '나 이렇게 컸어요.' 하고 말하는 것처럼 보였다.

아직은 어린아이라 혼자 잘 가다가도 이내 뒤를 돌아보고 우리 사이의 거리가 너무 멀어지면 멈춰서 기다렸다. 멀리 혼자 가려니 불안한가 보다. 그래도 갑자기 커버린 모습이 어색하였다. 혼자 잠을 자고, 상점에 가서 선물도 고를 줄 알게 되었으니 말이다. 유달리 부모와의 관계에 집착하던 아이였고 독립적인 사람이 되기를 바라왔는데 그리되니 어쩐지 섭섭한 마음이 컸다.

내가 대학에 입학해서 첫 1년을 기숙사에 보내게 될 때의 기억이 난다. 가족들과 함께 짐을 갖고 교내 안쪽 깊숙하게 위치한 기숙사에 도착했다. 인사를 하고 입구에 서서 다시 뒤를 돌아보았다. 혹시나 누가 인사를 하지는 않나 싶었다. 그런데 다시 돌아보는 사람 없이 모두 씩씩하게 돌아가고 있었다. 곧 성인이 되는 아들이, 이제 곧 스무 살이 될 막냇동생이 걱정되어 뒤를 돌아볼 필요는 없었나 보다. 비로소 나도 가족과 떨어져 혼자 살아간다는 것을 깨달았던 순간이다. 그리고 그것은 아쉬움과 섭섭함이 담긴 이별의 뒷모습으로 각인되었다. 이제는 혼자 전동스쿠터를 타며 달리는 아들의 힘찬 뒷모습이 아쉬움과 함께 대견함의 뒷모습으로 기억될 것임을 안다.

스쿠터를 타고 가다가 뒤 돌아본 아들에게 힘차게 손을 흔들어주었다. 너의 뒤에 든든하게 우리가 있음을 알렸다.

아이가 성장하는 것을 바라보는 것은 즐거울 줄만 알았다. 그런데 슬퍼지는 것도 있구나. 부모로서의 울타리를 거둘 준비가 필요하다는 것을 깨달은 하루다.

4장

마흔,
가치 있게
나이 드는
법

"안정을 지향하는 편이지만 그렇다고 부당함을 눈감고 싶지 않다. 어디서 관측하느냐에 따라 달라지는 시간의 상대성 원리처럼, 삶의 방향과 속도를 조절함으로써 생기는 시선의 상대성 원리를 가져 보라고 권한다."

시선의 상대성 원리

◇◇◇◇◇◇◇

아인슈타인이 상대성 이론을 말하기 전, 과학자들은 시간과 운동이 절대적인 값으로 움직인다고 믿었다. 그런데 일반 사람들은 그전에도 몸으로 느끼고 있었을지 모른다. 특히 시간은 상대적으로 흐른다는 것을 말이다. 같은 하루라도 어느 날은 쏜살같이 지나간다. 아이가 서너 살 때 주말을 함께 하면 한참 놀아준 것 같은데 고작 30분도 안 되어 좌절하던 기억이 생생하다. 어느 하루는 이렇게 지루하기 그지없다. 물론 이것은 다분히 심정적인 상대성 이론으로 아인슈타인이 말한 그것과는 다르다.

3년 동안의 해외 근무를 마치고 한국 연구소에 복귀, 출근했던 첫 일주일은 하루가 어떻게 갔는지 모를 순간의 연속이었다. 그리고 첫날 깨달았다.

'아, 싱가포르에서 살던(일하던) 속도로는 안 되겠구나.'

허나 일이 벌어지기 전에 아무리 이미지 트레이닝을 하고, 마인드셋을 달리한다 해도 닥쳐봐야 아는 법이다. 마음속으로는 한국에 돌아가면 아마 순식간에 한국인이 될 거라고 막연하게 생각해왔다. 부딪혀보고 현장에서 직접 확인해 보니 그것이 쉬운 일이 아니었음을 깨닫는 데는 채 하루가 걸리지 않았다. 회사에서 많은 사람들과 인사를 나누고, 업무에 대해 이야기를 듣고, 정신없이 회의에 끌려 들어가면서 그제서야 마음의 속도에 액셀을 조금씩 더 강하게 밟게 되었다.

한 구석에는 이방인의 시선이 남아 있다. 고작 3년의 해외 생활이었지만 엘리베이터나 지하철의 문이 열릴 때 내리는 사람 기다려주지 않는 사람들을 이해하기 어렵다. 앞사람이 열린 문을 잠깐이라도 잡아주면서 뒤에 오는 사람을 배려해주는 문화가 아쉽다. 주차장에서 반대편으로 건너가고 싶은데 차들이 사람을 기다려주지 않고 오히려 속도 내고 지나가는 것이 어색하다. 주문하면 다음 날 배송되는 택배 속도에 놀란다. 내가 계속 여기에 있었다면 당연하게 바라봤을 것들이 조금씩 뒤틀려버렸다. 마음의 속도계 한편엔 여유와 배려라는 브레이크 기능이 생긴 것 같다.

이런 관점은 회사 일에도 마찬가지여서, 같이 모여서 논의하는 자리에 대해서도 의문을 갖는다. 가장 먼저 드는 생각이 '이걸 왜 하는지?'라는 삐딱한 마음이다. 원래 해오던 것이란 설명만으로는 납득이 안 된다. 내가 아닌 대다수의 사람들에겐 이미 체득된 막연한 이해가 바람직하게 느껴지지 않는다. 모두가 '예스'를 외칠 때, '노'라고 말하고 싶은 반골 기질을 숨기지 못하겠다. 그냥 하는 말이 아니라 어떤 경우는 몇몇이 알아서 해결하면 될 일에 꼭 여러 사람을 불러 모아 시간을 뺏기에 그렇다.

어쩌면 시간이 흘러 조만간 동화되겠지 싶다가도, 현재 나의 상태 즉 '환경에 익숙한 이방인'의 시선도 그리 나쁘지 않은 것 같다는 결론에 이른다. 평범한 일상도 여행객의 시선으로 보면 새롭고 달라 보인다. 낯선 곳, 골목길에 놓인 화분 하나에도 세심한 시선을 주던 아마추어 사진사로서의 예전 감각 같은 것이다. 세상의 많은 것들은 상대적이라 누군가는 계속 다른 의견을 주어야 할 필요가 있지 싶다. 익숙함을 부정하면 꽤 재미있는 일들이 펼쳐진다. 왜? 왜? 대체 왜? 이런 질문이 붙으면 새로운 생각의 기회가 나타난다. 무언가를 바꿀 수 있는 마음, 바꾸고 싶은 욕심 같은 것 말이다. 이런 나의 성향은 실제로 회사 일에서 불편하지만 익숙하니까, 그 불편함을 감수하고 처리하던 업무 방식을 바꾸는 데 기여하기도 했으니 제법 쓸모가 있다.

정반합, 새는 좌우의 날개로 난다, 역사는 나선형으로 앞으로 나아간다, 이런 말들의 가치를 되새긴다. 안정을 지향하는 편이지만 그렇다고 부당함을 눈감고 싶지 않다. 어디서 관측하느냐에 따라 달라지는 시간의 상대성 원리처럼, 삶의 방향과 속도를 조절함으로써 생기는 시선의 상대성 원리를 가져 보라고 권한다.

°사람을 대하는 태도에 대하여

◇◇◇◇◇◇

브런치를 먹으러 광교에 있는 카페거리를 찾았다. 맛있는 음식을 파는 가게들이 많지만 단점은 주차가 쉽지 않다는 것. 가게 앞으로 차를 몰고 가보니 한 대가 이미 주차를 하려고 준비 중이었다. 근처에 혹시 차를 댈 곳이 있는지 직원에게 묻기 위해 나만 먼저 내렸다.

"근처에 어디 차 댈만한 데가 있을까요?"

"저희 가게가 쓰는 곳은 여기(문 앞)밖에 없어서요."

영 귀찮고 퉁명스러운 말투다. 자기는 잘 모르겠으니 손님이 알아서 하라는 태도에 살짝 기분이 상했다. 사람들이 하도 많이 물어봐서 그럴 수 있다. 아내가 그사이에 한 바퀴를 크게 돌고 다시 왔다. 어디에도 마땅한 자리가 없나 보다. 여전히 그 차는 주차에 고전 중이다. 운전이 능숙하지 않은 분 같았다. 겨우 차를 댄 후 점원과 나누는 대화를 들었는데, 결론인즉 예약이 안 되어서 그냥 가야 한다는 내용이었다. 그들은 황망히 떠났고 횡재한 기분으로 덕분에 우리가 그 자리를 차지할 수 있었다. 막상 주차를 하는 동안에 가만히 있던 직원은 우리가 차에서 내리니 그제야 한마디를 한다.

"여기 이렇게 대면 문 앞이라 열 수가 없습니다."

짜증이 났지만 사람들이 다니는 길목이라 그렇겠거니 하고 다시 옆으로 댔다. 예약석에 앉자마자 조금 전 상황에 대해 아내에게 말을 했다. 첫 번째, 우리가 주차를 하고 있을 때 한 번쯤 미리 어느 방향으로 주차를 하는 것이 좋은지 귀띔을 해줬더라면 좋았을 것 같다. 정리하고 들어가려는데 다시 주차를 하라니 좀 그렇다. 두 번째는 아까 예약 안 한 손님 사례. 상황을 보니 예약 안 된 손님들을 계속 돌려보내고 있었다. 주차에 고전하던 우리 앞 팀의 경우, 일행이 내려서 계속 서 있었는데, 종업원이 그때 예약 여부를 물어봤더라면 힘들게 차를 대는 고생은 하지 않았을 것이라는 생각이 들었다.

어쨌든 주문을 하고 기다리는데 음식이 쉬이 나오질 않았다. 아들은 배고프다고 그러지, 나도 좀 배가 고프던 차에 더더욱 화나는 일이 생겼다. 우리보다 늦게 온 손님들에게 식사가 나가고 있지 않은가. 주문을 받아 간 직원에게 볼멘소리로 '왜 우리 것은 나오지 않느냐, 주문이 제대로 된 것은 맞느냐' 하니 무척이나 당황하는 눈치였다.

황급히 자리를 떠난 그가 주문서를 확인하고, 우리 쪽을 한 번 두 번 다시 보고, 다른 사람과 이야기를 나누는 모양을 보니 분명 주문이 꼬인 듯했다. 하필 같은 메뉴라 우리 것이 아마 다른 테이블로 간 것 같았다. 우리에게 돌아와 '주문에 착오가 있어서……'라고 하는데 아까부터 꼬였던 심사가 폭발했다.

"하아…… 저희 꺼 저쪽 테이블로 잘못 나간 거죠?"

어쩔 줄 몰라 당황하는 빛이 역력한데도 어째 맘이 더 차갑게 식어
버리는 느낌이었다. 정말 별로라는 표정으로 직원을 대하니 얼마 뒤
다시 돌아와 서비스로 에이드를 주겠다고 한다. 어떤 보상을 바랐던
것이 아니지만 그렇다고 그냥 넘어가자니 또 그렇고, 괜히 서비스를
받기 위해 진상을 부린 블랙 컨슈머가 된 느낌이기도 했다.

이윽고 주문했던 메뉴 하나가 먼저 나와 먹을 준비를 하는데 주문
을 받았던 직원이 와서 "정말 죄송합니다"라고 말한다. 얼굴도 보지
않고 "네네" 해버렸다. 잠시 후 아내가 그러는데 거의 울 것 같은 표정
이었다 한다. 그 말을 들으니 갑자기 미안해지는 것이다. 음식을 먹는
내내 맘이 편치 않았다.

얼마 전 아쿠아리움에서 겪었던 다른 일이 생각났다. 아침 일찍 대
기 줄에 서 있는데 갑자기 큰 소리가 들렸다. 가족과 함께 온 어떤 아
빠가 큰 소리로 매표소 직원에게 소리를 치고 화를 내고 있었다. 첫 방
문이라 어디로 줄을 서야 하는지 모르는데, 직원의 안내가 상세하지
못했고 표를 사는 줄을 헷갈려서, 자신들이 피해(몇 명 더 기다려야 하는 상
황)를 봤다는 것이었다. 그때 마구 험한 말을 던지는 그를 말리던 다른
직원이 이렇게 말을 했다.

"남의 집 귀한 자식입니다. 그렇게 함부로 말씀하지 마세요."

우리 테이블의 주문을 잘못 받아 간 직원 역시 누군가의 귀한 자제,

사랑스러운 딸일 것이다. 주문 좀 밀렸다고 얼굴 한가득 안 좋은 티를 팍팍 내고, 날 선 말투로 대했던 것이 후회스러웠다. 그릇을 다 비우고 나니 기분이 풀리는 느낌이었다.

"우리가 배가 고파서 더 예민했었나 봐."

속삭이는 아내 말을 들으니 나잇살이나 먹어서 젊은 사람에게 못할 짓을 했다 싶었다. 물론 그가 실수한 것은 인정하고 사과받아야 할 것이었지만 나도 유연한 반응을 보여줄 수 있었을 것이다. 허기와 함께 주차할 때 가게에 대한 첫인상과 기분 상함, 그리고 주문 실수라는 삼단 콤보가 오늘의 부끄러운 행동을 낳은 것이라 자기변명을 했다. 아까 보인 태도에 대해 사과하고 싶어졌다. 계산하면서 계속 그 직원을 쳐다봤다. 그냥 가고 싶지 않았다. 눈이 마주치니 우리 쪽으로 다시 온다. "아까는 미안했습니다." 하고 말하니 그 역시 죄송했다며 연신 인사를 하였다.

요즘은 ARS를 연결하려면 한참을 기다려야 한다. 안내 멘트가 무척 길다. 코로나 때문에 말이 잘 안 들릴 수 있다는 양해와 함께 늘 빠지지 않는 것이 '직원에게 폭언을 삼가 달라'라는 것이다. 손님이라는 이유로 직원을 아랫사람 대하듯이 하는 경우도 얼마나 많은가. 그러니 얼굴조차 보지 않는 전화상으로 몰상식한 말을 얼마나 많이 했을지 상상이 가지 않는다. 오죽하면 당신의 폭언은 녹음될 수 있으니 조심하라는 경고 메시지를 보낼까. 대학원생 시절에 교수님과 동행했을 때 모르는 학생에게 대뜸 반말로 무언가 물어보길래 괜히 내가 낯 뜨

거워졌던 적이 있다. 나이가 어리면 반말로 하대하는 느낌을 주는 것이 불편했다. 한창 젊었을 적 가졌던 당황스러운 경험을 이제 시간이 흘렀다고 잊은 것인지. 꼰대가 별건가. 자기 과거를 잊고 다른 사람에게 폭압적으로 대하는 것이 꼰대지.

서비스업이 많아지고 사람을 대하는 직업이 늘어났다. 감정 노동을 하는 사람들이 많다. 아까 그 직원이 남의 집 귀한 여식인 것은 내게 중요한 것이 아니었다. 일을 하다 보면 누구나 실수할 수 있다. 깨닫고 고치면 되는 것이다. 마찬가지로 식당의 직원이 가질 기본이 있다면 손님도 가져야 할 태도가 있다. 사람과 사람으로 서로를 존중하며 대하는 태도가 있으면 될 일이다.(하필 우리는 너무 배고파서 예민했지만!) 그렇게까지 대할 것은 아니었단 말이다. 오늘의 일을 거울삼아 성숙한 소비자가 되기로 마음먹는다.

그리고 모쪼록 오늘 우리 때문에 당황했을 그 직원의 마음이 풀렸기를 바란다.

°현재에 충실할 이유

◇◇◇◇◇◇

회사 모 조직의 상무님이 영면하셨다. 평소 기저 질환이 있으셨는지 모르겠다. 알고 있는 건 사내 게시판에 올라온 대로 갑작스러운 건강 악화로 입원을 했고 끝내 일어나지 못했다는 것뿐이다. 향년 마흔아홉. 나 보다 고작 두 살 많은 나이. 회사를 위해서도, 아니 자신과 가족을 위해서도 살아가면서 행복을 즐기기에 많은 날이 남아 있는 나이. 나는 감히 남은 가족들의 슬픔을 헤아릴 자신이 없다.

상무라는 자리에 계셨기에 이름만 몇 번 들었을 뿐 일면식도 없다. 그럼에도 소식을 들은 그날은 멍한 기분으로 하루를 보내야 했다. 20~30대에는 주로 친구들을 비롯하여 회사 동기들의 결혼식 소식이 늘 있었다. 다음엔 출산 소식, 취직과 이직……. 이런 이야기들이 오고 가는 것의 대부분이었다. 마흔이 넘은 이후엔 급격히 지인 가족들의 부고 소식이 연락의 이유가 되었다. 일터에서도 대부분 누군가의 할아버지, 할머니, 또는 아버지와 어머니, 친척들의 부고가 잦아졌다.

이런 소식이 새삼스럽지 않음에도 유달리 안타까운 마음이 든 것은 아마 비슷한 연배의, 그것도 회사 사람 이야기였기 때문이리라. 간혹 게시판에 올라오는 비슷한 이야기를 보면 괜스레 마음이 가라앉곤 하였다. 어쩌다 돌아가셨을까, 참 세상살이 허망하다 싶어지는 것이다.

방송에서 언젠가 어떤 카드회사의 사원이 자기 자리에 붙여놓은 좌우명을 보고 크게 공감한 바 있다.

"언젠간 잘리고, 회사는 망하고, 우리는 죽는다!"(이동수)

그의 이런 생각은 결코 염세적이지 않다. 언젠가 잘리니까, 우리는 죽고 마니까, 마음 가는 대로 오늘 하루를 충실하게 살아간다. 그런 그가 멋있다고 느꼈었다. 나는 그럴 자신이 없으니까 더더욱 마음이 끌리는가 싶다. 그의 말처럼 우리는 모두 언젠가는 죽는다. 언제 죽을지, 어떤 이유로 어떻게 죽을지 모르는 것뿐이다. 허망한 마음을 추스른다. 바로 지금을 사랑하자. 천상병 시인의 말처럼 세상살이는 소풍이니 '잘 놀다 간다'라는 마음으로 편하게 눈을 감을 수 있도록.

°깊게 생각할 것, 그만큼 행동할 것

◇◇◇◇◇◇

책 출간 후 앞으로 행동거지를 조심해야겠다고 생각했다. 책에는 온갖 이상적인 이야기를 써놓고 정작 나는 그렇지 못하다면 부끄러울 것 같았다. 리더십이 어떻다, 회사 생활은 이런 것이다, 연구직이라면 뭘 갖춰야 한다……. 말은 그럴듯하게 하고, 세상 사람들의 동의를 얻지만 정작 변하지 않는 것이 자신이면 어쩌나 하는 두려움 때문이다.

깨닫기만 하고 행동이 바뀌지 않으면 글의 가치는 없지 않나 싶은 생각마저 들 때가 있다. 마음을 다잡아 글을 쓰는 까닭은 작심삼일을 하듯 계속 자신을 채찍질하자는 무의식적(어쩌면 의식적) 행위일지 모른다.

평소 상무님은 R&D를 Receive and Delivery로 만들지 말라고 강조하곤 하셨다.(원래 R&D는 Research and Development, 연구와 개발이다.) 말인즉슨 해달라는 요청에 생각 없이 받아다가 처리하고 결과만 전달하지 말라는 의미다. 처음엔 '괜한 말씀을 하시네, 우리가 바보도 아닌

데……'라고 생각했지만 일을 하다 보니 왜 그러셨는지 이해가 된다. 주변엔 똑똑한 사람들이 많고 대부분 자기 일을 충실히 하는 건 사실이다. 그럼에도 일처리를 할 때 고민 없이 그대로 전달하는 경우가 발생하는 이유는 '하기로 한 일이니까'라는 명분이 있어서 그렇다. 굳이 내 생각을 끼워 넣거나 바꿔볼 필요가 없다. 때로 지나친 요구에 대해 바꾸려고 해본 적 있지만, 어지간하면 안 된다는 것을 학습하면 쉽게 포기하게 된다. 또는 수많은 일 중의 하나라서 생각과 고민보다는 빨리 처리해버리고 다음 일을 해야 하는 상황이기 때문이다. 원래 그렇게 일한다고 알고 있다는 말도 안 되는 핑계로 생각의 개입 없이 일처리를 하는 것도 이유이다.

유대인 학살의 핵심 관료였던 나치 전범 아이히만의 사례를 읽고 한참을 생각했었다. 학살, 전범이라면 악독하고 생각도 삐뚤어진 나쁜 사람을 상상한다. 그런데 그는 주변에서 만나볼 수 있는 너무나도 평범한 사람이었다고 한다. 그를 취재한 기자는 고민했다. 어째서 이런 사람이 나치의 앞잡이가 될 수 있었을까.

결론은 그가 '너무 일에 충실해서, 그런데 얕은 사유의 수준을 가졌기에(Sheer thoughtlessness)'라고 말한다. 성실하게 시키는 일을 꼬박꼬박 잘하는 것이 일터에서 중요한 덕목임은 부정하기 어렵다. 그러나 어떤 일을 제대로 잘하려면 '생각'을 하는 것이 필요하다. 그걸 못 하면(안 하면) 앞에 말한 것처럼 Receive and Delivery를 벗어나기 어렵다. 최근에 어떤 의뢰를 받은 업무가 있다. 검토 중 이상한 부분이 있어서 세부 내용을 확인했고 그 일은 하지 않는 것으로 결론이 났다. 그리 복잡한 것도 아니었다. 의뢰 전에 궁금증을 갖고 먼저 알아봤다면 해결되었을 일이다. 의뢰자 역시 그냥 '받아서' 들고 왔던 것이다. 고민 없는 일 처리는 '나'라는 브랜드 가치를 훼손하는 것에 그치지 않고 동료들까지 고생하게 만들 수 있다.

또한 사유의 부재는 공감 능력 상실이란 결과와 연결되지 않을까.

후배의 부름으로 상담을 했다. 어떤 선배가 자신의 위치를 활용하여 월권이라고 생각되는 요청을 하고 있었다. 이럴 때 어떻게 해야 하느냐고 고민하는 후배의 모습에 너무 미안했다. 명색이 리더일 뿐, 회사 짬밥만 많이 먹은 것 같은 나의 무기력함까지 오버랩되면서 화가 났다. 일을 시킨 선배의 처지를 이해하지 못하는 것은 아니다. 그러나 어찌 한 사람의 입장만 고려해야 하겠는가. 실무를 해야 할 후배는 어떨지 생각은 했을까? 선배의 공감 능력 부족이 안타까웠다.

무릇 함께 사는 사회와 일터에서 일에 대해 숙고하고, 그것을 함께 하는 타인의 마음을 헤아려보는 배려와 공감이 우선이다. 그렇지만 그런 생각을 현실에 반영하지 않으면 결국엔 쓸모가 없다. 생각하지 않은 것이나 다름없다. 송나라의 유학자 주희가 인의예지의 발현만이 중요하다고 말할 때, 진정한 행동으로 바꾸지 못하면 아무 소용이 없는 것이라고 주장한 정약용의 일침이 절실하게 다가온다. 우물가에 빠지려는 아이를 보고 안타까워할 것이 아니라 당장 구하러 달려가는 것이 맞다. 책을 읽고 공부를 하고 좋은 논문 쓰니까 많은 생각을 하며 사는 것 같아 보이지만, 정작 행동은 그만큼을 따라주지 못하는 것은 얕은 사유의 결과물이다.

'사람은 되기 힘들어도 우리 괴물은 되지 말자.'

〈생활의 발견〉이란 영화에 나오는 이 대사가 대체 무슨 말인지 20대 초반의 나는 이해하지 못했다. 나이 들고 사회생활이란 것을 해보면서 이해하지 못했던 대사의 의미를 이제야 알게 되었다. 차라리 뜻을 몰랐으면 좋겠다 싶다. 깊이 생각하고 그걸 행동에 반영하지 않는다면 자신도 모르는 사이에 괴물이 될 수 있음을 경계한다.

새해 소원이 가치 있는 이유

#졸업이 지상 과제였던 박사 과정 시절에 무슨 정신이었는지 사진에 매달렸었다. 카메라를 매고 홀린 듯 부석사를 찾아간 적이 있다. 전날 해 질 무렵까지 부지런히 사진을 찍고 내려와 근처 허름한 민박에서 하룻밤을 청했다. 다음날 일찍 일어나 새벽 사진을 담고 싶은 욕심 때문이었다. 겨울이었다. 춥고 아직 어둠이 내려앉아 있는 새벽, 주섬주섬 옷을 차려입고 길을 오르는데 앞서가는 스님이 한 분 계셨다. 나보다 더 부지런한 분이 틀림없다. 잰걸음으로 흔들리듯 사라져간 그를 급하게 찍고 나서 걸어 오르다 보니 어느새 사천왕 앞까지 도착해 있었다.

그들을 지나가야 하는데 어쩐 일인지 발걸음이 떨어지지 않았다. 알 수 없는 두려움 같은 것이 생겼던 것이다. 눈을 부라리고 중생을 내려다보는 그들 앞을 지나갈 용기가 나지 않았다. 고작 4~5미터만 지나가면 되기도 하고 사실 옆으로 돌아가도 되는데 이상한 일이었다. 오래

전 그때의 느낌을 여전히 정확하게 해석하긴 어렵지만 두려웠던 마음
은 선명하다. 어떤 방법으로도 지나가서는 안 될 것 같은 기분이었다.
그래서 일찍 일어난 보람도 없이 무언가에 붙들린 사람처럼 사천왕
앞에서 멈춰 있게 되었다.

날이 조금 더 밝기를 기다리기로 했다. 해가 뜨면 용기가 날 것 같았
다. 따뜻한 민박집 방구석으로도 가지 못하고 서성이며 까만 하늘만
멍하니 올려다보았다. 그때, 무언가 스쳐 가는 것이 있었다.

'유성이다!'

떨어지는 별을 보고 소원을 빌면 영화처럼 현실이 된다는 가사의 영
향 때문이었을까. 빠르게 소원을 빌었다.

'졸업하게 해주세요.'

그땐 그게 그렇게 간절했다. 글을 쓰면서 다시 생각해 보니 사천왕이
나 부처님이 졸업 못 한 박사과정 학생을 불쌍히 여겨, 유성을 만나게
해주고 소원 성취해준 건 아닌가 하는, 웃기지도 않은 해몽을 해보는
것이다. 간절하면 이루어진다던가. 6개월 뒤 무사히 졸업했으니 과연
떨어지는 별을 보게 된다면 절절한 소원 하나는 빌어보자.

#칼로리는 재미있는 개념이다. 밤 12시가 되면 리셋된다. 하루 종일
얼마나 많은 칼로리를 섭취했든지 소비했든지 다음 날은 다시 처음부
터 시작할 수 있다. 제로에서 시작한다. 너무 맛있는 음식을 도저히 지
나칠 수 없어 고열량, 고칼로리 식사로 저녁 든든히 먹고 식곤증에 아

무 운동 없이 잠을 잤다고 해도 다음 날 아침엔 언제 그랬냐는 듯 제로 칼로리에서 시작할 수 있다. 어제 운동으로 엄청난 칼로리를 불태웠어도 다음 날엔 처음의 자세로 공손히 돌아가야 한다. 다이어트를 하는 사람들은 '그래 할 수 있어, 오늘부터 다시 시작하는 거야'라는 다짐과 행동을 가져다주는 기회를 매일 새롭게 다질 수 있는 셈이다.

#적당한 욕심, 지금보다 더 나아지고 싶은 욕망이 있을 때 어제보다 더 자란 나를 만날 수 있다. 그 과정이 쉽지 않아 마음을 먹고도 며칠 가지 않아 편안함에 안주하기를 바란다. 그래서 작심삼일은 고작 사흘을 지키기도 어려운 다짐의 어려움을 뜻한다. 단 작심삼일을 극복하기 위해 3일에 한 번씩 자기와의 약속을 반복하면 된다고 하니 못할 것도 없다. 다음날이면 제로부터 다시 시작하는 칼로리의 마법처럼 "지금부터 다시 시작"을 주문처럼 외워봄직하다.

별똥별을 보고 비는 소원이든 새해를 맞이해 해보는 다짐(약속)이든 내용은 비슷하다. '이루고 싶은 목표나 희망'이다. 누구에게나 그때 그 순간 중요한 목표가 있고 그걸 해결하고자 하는 욕심과 의지를 빌어 자신과의 약속을 다짐한다. 다짐은 실천과 행동으로 옮겨진다. 별똥별을 보며 졸업이란 소원을 빌었던 그 박사과정 학생은 다시 자리에 돌아와 실험대 앞에 앉아 실험하고 공부하고 논문을 썼다. 바보같이 소원 빌었으니 어떻게든 되겠지 하는 마음가짐만으로 학위를 받을 수는 없었단 말이다. 행동하지 않으면 소원은 절로 이뤄지지 않는다.

간절하면 이뤄진다지만, 모든 소원이 노력했다고 다 성취되는 것도 아니다. 의지의 문제든, 어쩔 수 없는 상황이든, 안 되는 것이 되는 것보다 더 많은 것이 현실의 삶이다. 하지만 새해 목표를 10개쯤 세웠을 때, 한 개만 이루더라도 그것은 큰 경험이자 자산이 된다. 아니, 끝까지 가지 못하거나 실패하거나 놓쳐버린 9가지 소원과 약속에서도 분명 배울 점이 있다. 실패에서 배우는 교훈의 내용과 가치가 때로는 더 큰 법이다. 그렇게 어제보다, 한 달 전보다, 작년보다 조금 더 나아진다. 그러니 매년 새해, 새날 세워보는 소원과 목표는 그럴만한 가치가 있다.

°바람직한 관계는 의식적인 존중이 필요하다

◇◇◇◇◇◇

회사 동료 중에 항상 조곤조곤 말하고 누구에게나 친절한 사람이 있다. 같이 모여 수다를 떨던 중 그의 말에 놀랐었다. 집에서는 배우자에게 짜증을 부린다는 것이다. 상상조차 하기 어려웠던 터라 회사에서 모습과 너무 다르다고 하니, "회사에서는 그럴 일이 없잖아요"라고 대꾸하였다.

회사에서 그럴 일이 없다는 것이 사실일까? 정말 짜증이 날 일이 없을 수 있다. 하지만 어찌 사람 사는 곳에서 갈등이 없겠는가. 서로 조심하면서 대하면서 갈등을 피하거나, 갈등 관계가 있더라도 쉬이 감정을 드러내기보다는 감추기 때문일 것이다. 상대와의 관계가 동등한지, 상하인지에 따라서도 대응은 달라진다. 어쨌든 회사에서는 짜증보다는 참고 견디는 상황을 서로 만들어가는 것이 훨씬 더 의식적이다. 사회생활을 하려면 참고 견디는 것이 필요하니까.

'기복을 견디는 관계가 진정한 관계'라는 제목의 정지우 변호사 글을 읽고 기복을 드러내지 않는 것과, 드러난 것을 견디는 것의 차이에 대해 생각해보게 되었다. 기복이란 원래 땅이 높아졌다 낮아졌다 한다는 것을 뜻하는 말인데 그것보다는 오히려 감정의 수사로서 더 쓰이는 듯싶다. 감정의 기복이 심하다는 건 기분이 좋아졌다 나빠졌다 하는 것이 잦다는 뜻이다.

회사에서는 감정의 기복을 드러내지 않으려고 한다. 누구 말마따나 그럴 일이 별로 없을 수 있기도 하고, 업무에서 감정을 드러내는 건 프로답지 못하다는 나름 일터의 철학이 있는 것도 하나의 이유이다. 감정이 상하는 경우가 있으나 오랜 직장 생활의 노하우가 생겼는지, 아니면 무뎌졌는지 그 감정을 오래 지속하지 않는 편이다. 날이 갈수록 회사에서 일과 나(자아)를 분리하는 기술이 늘어나는 것 같다.

그렇지만 나는 본래 감정 기복이 심한 사람이다. 나이가 드니 더 심해지는 듯하다. 잘 있다가도 어떤 하나의 작은 사건이나 행동, 말투에 갑자기 기분이 안 좋아지곤 한다. 집에서는 변한 기분을 수시로 드러낸다. 숨기지 않는 이유는, 숨기는 데 드는 에너지를 쓰고 싶지 않다는 지극히 이기적인 이유에서이다. 회사에서 쓰고 있던 가면을 벗어던지고 집이라는 공간, 가족이라는 대상에게만은 있는 그대로 솔직하다.

기복을 숨기지 않고 지나치게 드러내면 당사자인 내 마음에 남은 감정과 앙금이 덜 쌓일지는 몰라도 상대에게 그 짐을 넘기게 되는 것은 문제가 된다. 우리가 지켜야 할 존중은 회사에만 있지 않다. 직장 생활을 열심히 해야 하는 현재, 가족보다 더 오랜 시간 만나는 사람들에게 더 친절하고, 더 상냥한 태도는 매우 자기기만적이기도 하다. 자기기만이 불필요한 가족이니까 나의 감정 기복을 당연히 받아줘야 하는 것은 아니다.

　서로 사랑하는 것과는 별개로, 의식적으로 형식적으로 지킬 것이 있다. 어려움을 함께 견디기 위한 상호 존중의 태도이다. 정지우 변호사의 글처럼 '짐'을 나눠 갖는 것 – 상대의 기복이 생겼을 때 서로 이해하고 달래고 함께 견디는 것 – 이 진정한 관계의 시작일 것이다. 감정 기복이 닥친 사람은 상대에게 짜증을 쉬이 낼 것이 아니다. 자신의 솔직한 상태를 고백하고 존중해주기 바라는 마음을 공손히 드러내는 것이 좋다. 무턱대고 받아주라고 당당히 요구하지 말아야 한다. 상대가 그것을 이해하며 받아주려는 마음을 가질 때 어려운 상황을 극복할 수 있는 것이다. 이렇듯 상호 존중의 태도를 잃지 않는 것이야말로 타인의 기복을 '그냥 견뎌주는 것' 이상의 의미가 있다.

운칠기삼은 과학입니다

◇◇◇◇◇◇

운칠기삼이란 말은 성공에는 능력보다 운의 작용이 훨씬 크다는 점을 강조한다. 비슷한 뉘앙스로 '될놈될' 같은 것이 있겠다. 인정하고 싶지는 않지만 부정하긴 어렵다. 살다 보면 어쩐지 틀린 말이 아니란 경험을 하기 때문이다. 그럼에도 사회는 당신이 열심히 노력하면 성공할 수 있다는 점을 가르치고 제시한다. 자기 계발서가 그렇게 많이 나오는 이유도 비슷한 까닭에서다. 능력을 함양하면 성공할 가능성이 훨씬 높다는 전제가 있을 때 가능한 논리이다.

2022년 이그 노벨상 경제학 부문의 수상자들의 연구 결과가 흥미롭다(이그 노벨상은 진짜 노벨상이 아니라 재미있는 연구를 한 사람들에게 수여하는, 즐거운 놀이에 가깝다). 제목부터 발칙하다. Talent vs. Luck, the role of randomness in success and failure. 한국에 기사로 요약 소개된 내용은 이렇다.

"이 연구 결과는 재능보다 운이 좋은 사람이 성공하기 더 쉽다는 논문이다. 능력이 있으면 성공하는 것처럼 보이지만 성공에는 무작위성의 요소가 꽤 크다는 점을 수학적으로 증명했다."

제목과 요약만 봐도 막 읽어봐야 하겠다는 생각이 들지 않는가. 호기심을 이기지 못하고 이들의 연구 논문이 궁금하여 읽어보았다. 그들은 가설을 증명하기 위해 수학적 모델링을 도입했다. 복잡하지만 간단하게 설명해보겠다. 우선 서로 다른 수준의 재능을 가진 N명의 사람을 수학적으로 가정했다. 여기서 재능이란 지능, 기술, 영리함, 완고함, 투지, 열심히 일함 등과 같은 개인적 역량으로 기회가 왔을 때 그것을 획득할 수 있는 능력에 해당한다. 재능은 일반적인 표준 분포를 따르므로 아주 뛰어나거나 모자란 극단은 적다. 20살부터 60살까지, 40년의 삶을 가정함으로 복권에 당첨되는 이례적인 한두 번의 운을 시험하지 않는 모델이다. 이런 상황에서 Lucky와 unlucky 상태를 제공하였다고 한다. 안타깝게도 제일 중요한 모델 개발과 로직에 대해서는 솔직히 잘 이해하지 못했다. 그러나 결과와 해석을 이해하는 것만으로도 이 논문을 읽어볼 가치는 충분하다. 몇 가지 인상적인 부분을 정리해보면 다음과 같다.

· 좋은 재능을 가진 것이 성공의 필요조건일 수는 있어도 충분조건은 되지 않는다. 특히 중간 이상의 능력(medium-high talent)은 큰 성공을

하는 데 필요했다. 감나무 아래에서 언젠가 떨어질 감을 먹으려고 입만 벌리고 있다면 곤란하단 얘기. 노력 없이 순전히 운만으로 성공할 수는 없다. 복권에 당첨되려면 최소한 구매는 해야 하는 것처럼.

· 시뮬레이션 결과, 가장 성공한 사람들이 가장 능력 있는 것은 아니었다.

· 능력이 있는 사람도 행운이 따르지 않으면 성공 확률이 크게 감소했다.

· 그러므로 운이라는 요소를 너무 평가절하해서는 안 된다.

· 성공하려면 Lucky event를 만나야 하고, 그러기 위해 개인의 활동을 확장하는 전략이 바람직하다. 저자들은 그 전략으로 Open-minded person이 되라고 조언한다.

· 능력 있다고 여겨지는 일부의 사람들에게 100의 자원을 몰빵할 것이 아니라, 적당한 능력의 여러 사람들에게 적당히 자원을 나눠주는 것이 어쩌면 더 큰 성공을 이끄는 정책과 전략이 될 수 있다(이 논문의 핵심 주장은 여기에 있다. 성공 여부에 운이라는 인자가 생각보다 크게 작동하므로 그걸 상쇄할 수 있는 국가나 사회의 운영 방안이 요구된다).

우리는 어쩌다 성공한 사람들이란, 엄청난 재능을 물려받거나 또는 자기 계발에 열심이었다고 생각하게 되었을까?

세상은 '신화'를 필요로 한다. 경쟁에서 이긴 사람은 그럴만한, 납득할만한 이유가 있어야 한다. 운이 좋아 성공해버렸지만 단지 운 때문에 그랬다고 하면 사람들이 믿지 않을 때도 있다. 회사에선 창립자를 신격화하기 위한 최고의 스토리를 만들려고 한다. 노력의 가치라는 사회적 합의가 틀리면 안 되니까, 성공의 이유는 운처럼 통제하기 어려운 요소가 되어서는 안 될 일이다. 재능이 비슷하면 누구나 성공할 수 있다는 건 별로 매력적이지 못하다. 뼈를 깎는 노력, 남들과는 다른 불굴의 의지, 포기를 모르는 집요한 성격, 성공할 때까지 덤빌 줄 아는 대담함. 이런 것들이 적당히 치장될 때 성공은 더 가치 있게 보이기 마련이다.

연구 결과의 데이터를 보면(다행스럽게) 운 그 자체만으로 성공할 가능성은 거의 제로에 가깝다. 흔히들 운이 왔을 때 잡으려면 준비가 필요하다고 하는 대목 역시 시뮬레이션에서 확인된다. 개인의 노력과 준비가 절대 폄훼되어서는 안 된다. 하지만 만약 자신의 성공을 단지 노력과 재능의 결합만으로 해석하는 순간, 타인의 실패담을 이해하지 못할 가능성이 매우 크다. 성공한 자신은 선택받은 사람, 남들과 다른 사람으로 생각하는 반면, 실패자들은 노력과 재능이 부족하다는 편견을 갖는다. 능력주의 패러다임을 맹신하는 것은 위험하다.

자기 계발서 열심히 읽고, 리더십에 대해 치열하게 고민하고 준비했지만 아직까지 현재의 조직에서 선택받지 못한 것에 대해 나의 노력 부족을 핑계로 자책한 적이 있었다. 때로는 '어차피 되지도 않을 것을 괜히 준비했구나'라고 후회한 적도 있다. 그러나 논문을 보고 나니 응어리졌던 마음이 조금 편안해진다. 안타깝게도 기회와 운은 누구에게나 공평하지 않다. 조직 생활에서 선택받는 누군가와 그렇지 않은 사람 사이에 재능이나 역량의 차이는 사실 거의 없다는 점, 그래서 내가 모자란 사람이 아님을 알아차리는 것뿐만 아니라 자기를 더 사랑할 수 있게 된 것은 큰 깨달음이다.

"우리는 실수를 경험했기에 완벽을 꿈꾼다."

°감정적인 나를 달래려고 글을 씁니다

◇◇◇◇◇◇

사람은 감정적이다. 이성적이기도 하지만 많은 일에 다분히 감정적으로 대응한다. 이성적 영역의 일을 감정의 영역으로 끌고 오는 것은 위험하다. 합리적 판단의 기회는 사라지고, 냉정함을 잃은 정신은 결국 이상한 솔루션을 내놓는다. 길을 잃는다는 것이 더 적합한 표현일 것이다.

일을 잘하고 욕심도 있는 동료가 있었다. 같이 일할 때 많이 의지하고 든든하게 여겼다. 해외 근무를 마치고 돌아와 다른 부서에 배치된 그를 만나보니 어쩐 일인지 조직장과 갈등이 심했다. 처음엔 그럴 수도 있겠다 싶었는데 옆에서 관찰해 보니 때로는 지나치리라 싶게 감정적으로 반응하고 하고 있는 것을 알게 되었다. 조직장이 다른 누군가에게 했을 법한 말에도 '거봐, 나한테만 이렇게 심하게 대하는 거지.', 그것이 쌓여 불만이 가득 차 있었다. 뉘앙스를 꼬아서 해석하거나 별것 아닌 말 하나하나를 모두 화살처럼 받아들였다. 안타까웠다. 이럴 땐 아무리 이성적이고 객관적으로 관찰한 모습을 전달하려고 해도 크게 개선될 여지가 없다. 일을 할 땐 정말 이성적인데 사람을 대하는 건 감정적이었던 것이다.

대상이 사람이기에 감정이 앞설 수 있다. 자연스러운 반응임을 이해하면서 잔뜩 경계하는 이유는 보통 감정을 앞세운 경우 좋은 결론이 나오지 않기 때문이다. 둘 다 상처받거나 어느 한쪽의 상처가 크다.

바람직하게는 대화라는 좋은 방식이 있다. 잡담을 포함해서 동료와 대화하는 이유는 다양하다. 상처를 위로받기도 하고, 공공의 적을 씹으면서 스트레스를 풀 때도 있다. 누군가를 함께 욕하는 과정에서 스트레스가 풀려 당장은 속이 후련해지는 착각에 빠진다. 그러나 자꾸 반복하다 보면 되레 안 좋은 감정이 더 증폭된다. 때로는 대화에 끌어들인 동료를 곤란하게 만들 수 있다.

대화의 순기능은 미처 풀지 못한 오해를 해소하는 것이다. 물어보고 싶은 것이 있다면, 이해가 안 되는 것이 있다면, 본인이든 상대방이든 잘못 알거나 오해하는 것이 있을 때 대화를 통해 원만한 방향으로 해결의 실마리를 찾게 된다. 모든 경우에 대화가 쉽게 되는 것은 아니다. 관계가 어렵거나, 대화의 스킬이 부족하거나, 대화를 시도하다가 오히려 갈등만 커질 수 있으니 활용을 잘해야 한다.

내가 대안으로 제시하는 것은 글쓰기이다. 더 나은 삶을 위해 12가지 삶의 규칙을 제안한다는, 조금은 거창해 보이는 의도의 책 『질서 너머』(조던 패터슨)에는 이런 내용이 나온다.

'여전히 나를 괴롭히는 기억이 있다면 아주 자세하게 글로 써보라.'
'당신의 상당 부분은 당신이 세운 가정으로 이루어져 있다. 그 가정이 당신의 세계를 조직한다.'

감정적이면서 자기중심적인 인간의 특성상, 우리가 맺는 관계에서 발생하는 갈등은 지극히 자연스럽다. 그렇기에 해결하고자 노력하는 것 역시 필연적이다. 그걸 대화로 풀지 못하고 끙끙 대지 말고, 차라리 일기가 되었든 에세이가 되었든, 연습장에 쓰던 일기장에 쓰던, 아니면 블로그에 토로하던, 하나의 글로 완성해볼 가치가 있다. 예전에 내가 썼던 많은 글들에는 알게 모르게 나를 괴롭혔던 회사 사람들의 이야기가 가득하다. 괴롭혔다는 감정과 생각은 말 그대로 '내가 세운 가정'이다. 상대의 의도는 확인한 적 없다. 받아들이는 나의 감정만 생각했을 때 그랬다는 것이다. 당시에 나는 갈등을 원만한 대화로 해결하지는 못했지만 시간이 지난 후 글을 통해 해묵은 감정을 해소할 수 있었다. 그들과의 사례에서 얻은 교훈과 반성을 적어 내려가다 보니 제삼자의 눈을 가질 수 있게 된 것은 기대하지 못했던 새로운 발견이었다. '나 중심으로 구축한 세계관'을 해체하고 타인의 시선으로 당시의 나와 상대를 돌아보니, 어쩌면 내가 틀렸을 수도 있다는 결론과 해탈에 이르게 되었던 것이다.

글을 통해서 나는 의도치 않은 구원을 얻었다. 비록 감정의 배설로 시작되었는지 몰라도 배운 것이 있다. 사람 사이에 어찌 갈등이 없겠는가. 만약 대화가 여의치 않다면 글을 써보는 것을 적극 추천한다. 그것도 꼼꼼히, 자세하게. 어쩌면 나처럼 글쓰기로부터 구원을 받을지도 모르기에 말이다.

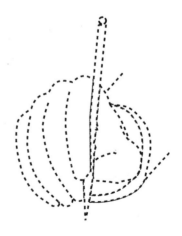

°지나쳐도 충분한 감사의 가치

◇◇◇◇◇◇

회사 일을 하다 보면 진짜 별것 아닌 일에도 감사하다는 말을 쓰곤 한다. 아주 간단한 질문의 답변에도 '감사합니다'가 습관적으로 튀어 나온다. 일처리가 되었을 때 고마움을 표시하는 것이 몸에 배었다. 그러다 보니 누군가 마땅히 해야 할 일을 했음에도 잘했다고, 고맙다고 말을 남발하는 경향이 있다. 어떨 때는 그게 좀 지나치다 싶기도 해서 그 의미가 다소 퇴색하는 건 아닌가 싶다. 고마운 게 진심인지, 이메일 끝맺음 말에 상용구로 붙는 '감사합니다' 정도의 의미인지 헷갈릴 때가 있다. 그도 그럴 것이 메일 내용상 전혀 감사할 일이 아닌 데도 끝날 때는 고맙다는 경우가 있어서 그렇다. 읽어줘서 고맙다는 뜻일 수도 있겠다. 시장에 유동성이 넘쳐나면 돈의 가치가 떨어지듯이 아무 때나 감사 표현을 날려버리면 정작 진짜 필요할 때 제 역할을 못 하는 것 아닐까 쓸데없는 걱정을 다 해본다.

이런 까칠한 생각이 짙어지면 의무와 권리가 헷갈릴 때가 있다. 감사의 말을 하는 것이 의무도 아니요, 악착같이 받아내는 것도 권리는 아니다. 업무상 나의 역할이고 책임이기 때문에 완수한 일인 경우에 특히 그렇다. 하지만 사람 마음이란 간사하다. (당연한 일을 했음에도) 상대가 고마움을 표시하지 않으면 그게 또 은근히 섭섭하다. 그러므로 습관이든 아니든 고맙다는 작은 성의의 인사말을 하는 것이 안 하는 것보다 백배 낫다.

유독 집에서는 감사 표현에 매우 박하다. 집과 회사를 철저하게 분리하는 자세는 바람직하지만 필요하다면 꼭 배워서 양쪽 어디든 써먹어도 되는 괜찮은 것들이 있다. 사소한 것에도 고마워하는 마음과 그걸 표현하는 것이 딱 그렇다. 따져보니 내가 공식적으로 감사한 마음을 가지게 되는 시점은 아내의 생일 즈음, 연말 즈음이다. 카드를 쓰다 보면 '아 그래, 올해도 이렇게 무사히 지나가니 당신도 애 많이 썼구려.' 하는 감상에 젖는다. 평소 감사보다는 주로 지적질만 하는 나를 돌아보게 된다. 열심히 금리 높은 상품 찾아서 예금이며 적금 드는 모습에, 조금이라도 아껴서 살림에 보태려고 특별한 혜택의 신용 카드를 적극적으로 활용하는 아내를 향해 '적당히 하라'며 면박할 것이 아니다. 좋은 호텔 더 싸게 묵으려고 이것저것 비교해보는 모습은 고마워해야 할 자세이다. 인터넷으로 세일하는 상품을 부지런히 찾아다니며 돈을 아끼는 태도를 지나치다고 타박하지 말아야 하는데 자꾸 그런다. 생활의 가치관이 다르기 때문에 부딪히는 부분이 있다 하더라도, 나는 할 수 없는 것을 할 줄 아는 사람이다. 그런 태도를 칭찬하고 고마워할 생각은 대체 왜 못 하는가. 오랫동안 붙어서 살다 보면 많은 것이 무뎌지고 익숙해져서 이래도 흥, 저래도 흥 이렇게 된다. 그렇지만 고마움의 방향과 크기마저 꺾을 이유는 어디에도 없다.

　요즘 주변 일로 아내가 힘들어한다. 생일 주간인데도 영 기운이 없다. 어떻게 하면 그녀에게 힘을 줄 수 있을까, 괜히 나도 기분이 처지고 좋지 않다. 자꾸 의욕이 줄어들고 힘에 부칠 때 흔히 감사 일기를 써보라고 한다. 내면을 향한 감사 일기도 좋지만 다른 사람을 일으켜 세우는 적극적 감사의 힘을 믿고 겉으로 드러내며 발휘해보는 것도 좋겠다. 평범한 일상의 유지만으로도 감사하는 마음을 가져야 하는 힘든 시기이다. 넘쳐흐르는 감사함으로 아내의 처진 기분을 달래주며 상한가로 끌어올려 봐야겠다!

상상력을 위한 최소한의 노력

◇◇◇◇◇◇

사실관계를 중심으로 의사 결정하고 판단하는 일을 주된 업무로 하다 보면 정서가 대개 건조해지는 경향이 있다. 정보와 자료를 바탕으로 최선의 결정을 내리는 것이 이성적인 업무 방향임은 분명하다. 게다가 연구직의 특성상 숫자와 그래프로 이루어진 데이터를 눈앞에 두고 이게 맞는지, 해석은 어떻게 하면 되는지 고민하는 시간이 많으니 더욱 그렇다. 그렇지만 회사를 포함해서 개인을 둘러싼 많은 일들의 대부분은 (인간)관계를 통해 해소되는 경우가 많다. 그걸 조금 나쁜 어감으로 표현하면 학연, 혈연, 지연일 것이다.

나는 서른 후반에서 마흔 초반, 조직에서 성장하고 싶은 욕구가 극에 달했을 때 개인 성장에 도움이 되는 계발서를 많이 접했다. 리더십과 조직 관리에 목마름이 있었고 책을 통해 필요한 것을 찾고 싶었다. 다양한 책을 읽으며 깨달음을 많이 얻었다. 그때 읽은 내용들 중에 여전히 염두에 두고 있는 것도 있다. 집착하듯 재미를 찾았지만 더 이상 자기 계발서에 흥미를 갖지 않는 것은 제목이 다를 뿐 동어 반복적인 내용, 내가 처한 현실과 다른 상황 전개를 비롯해 정작 제대로 써먹을 기회가 마땅치 않았던 이유 등 다양한 상황이 맞물렸기 때문이다. 이후에는 개인이나 회사의 성장기를 정리한 책을 좀 봤는데 대표적인 것이 『스티브 잡스』 전기라던가 나이키 회사의 역사를 담은 『슈독』 등이다. 누군가의 도전, 좌절, 실패 그리고 극복과 성공의 이야기는 신화적 요소를 담는 한계가 있더라도 읽어볼 가치가 있다.

소설은 별로 내키지 않는 영역이었다. 『1Q84』, 『반지의 제왕』, 『장미의 이름』과 같이 유행하는 책들을 보기는 했다. 그러나 가상의 이야기와 끝이 예상되는 전개를 시간과 돈을 들여, 그리고 책을 읽는 수고로움을 투여하고 싶지 않았었다. 대신 에세이가 좋았다. 에세이류도 희망과 용기를 전하는 그런 것보다는 자기 경험에서 깨달은 바를 전달하는 것들, 예를 들어 김영하 작가의 『여행의 이유』 같은 종류를 선호했다. 그러니까 나는 상상력으로 현실을 재구성하기보다는 담담하고 냉정한 현실 세계를 떠나지 못한 사람이었다. '차라리 소설 읽을 시간이라면……' 하는 질문과 답변의 가치 판단이 명확했다. 효용성을 우선순위에 두었던 것이다.

하지만 언젠가부터 소설을 하나둘 보기 시작했는데 내 생각이 틀렸다는 것을 깨닫는 중이다. 소설 속 주인공에게 잠시라도 푹 빠져 그의 감정을 가져오기도 하고, 좋은 일에는 함께 기뻐하며 결말이 다가올 때 안도하거나 슬퍼하게 되었다. 참말로 이상한 일이었다. 소설을 배척하듯 멀리한 것은 아니나 즐겨 찾는 장르는 아니었으니 달라진 나를 더 크게 느끼게 된 것이다. 에밀 아자르의 『자기 앞의 생』을 끝냈을 땐, 분명 슬픈데 희망이라는 묘한 기분이 느껴져서 이 감정을 설명할 적절한 단어를 찾아내느라 힘들었다. 『숨』(테드 창)이나 『우리가 빛의 속도로 갈 수 없다면』(김초엽)을 읽으면서는 작가의 상상력이 대체 어디까지 펼쳐질 수 있는지 순간순간 놀라며 과학 소설의 매력에 흠뻑 젖기도 했다. 『깊이에의 강요』(파트리크 쥐스킨트)를 보면서 잠시나마 내 글의 의미와 내가 글 쓰는 행위, 내가 가진 작가라는 타이틀과 되고 싶은 모습에 대해 감정을 이입해가는 시간을 가지기도 했다.

전 미국 오바마 대통령은 대통령의 자리에서 의식적으로 소설을 읽었다고 한다. 미국 대통령이라는 무거운 자리에서 접해야 하는 수많은 보고서와 정책들, 그리고 힘든 의사결정의 상황에서 살아남기 위한 선택이었다는 것이 인상적이다. 그는 사람들 사이에서 일어나는 일을 상상할 수 있게 도와주는 매개체로써 소설을 접했다고 하니 시사하는 바가 있다. 누구보다 더 'Fact'가 중요한 위치에 있는 사람이었기에 반대로 뇌를 말랑말랑하게 만들 수 있는 도구로 소설을 택한 것이다. 내 편 아니면 적, 내 생각 아니면 다 틀린 판단과 같이 한 가지 시선과 기준으로 세상을 바라보는 이분법적 사고는 위험하다. 우리가 현재 겪는 많은 사회적 갈등은 다른 사람을 향한 공감이라는 힘의 상실, 상대방의 처지에 대한 상상력의 부재에서 오는 이해의 부족이 아닌가 생각한다.

230

나의 일터로 돌아와도 비슷하다. 역할의 크기와 상관없이 회사에서 성장하고 다른 사람을 리드하기 위해 필요한 덕목에서 중요한 것은 '역지사지'하는 마음 아니겠나. 글로 배운 리더십에는 세밀한 기술은 있을지언정 감정은 철저히 배제된, 그야말로 무미건조한 나를 만들 수 있는 위험이 있다. 회사 업무를 떠나 인간관계, 가정생활에서 '나 중심'의 사고를 하는 것은 더불어 사는 사회의 바람직한 모습은 아니다. 팍팍하고 답답한 현실에 매몰되지 않도록 지금이라도 재미있는 소설책을 하나 집어 든다면, 주변을 바라보는 눈과 마음이 빼꼼 열리지 않을까.

°뒤에서 버텨주는 것도 리더의 덕목

◇◇◇◇◇◇

답을 찾는 일을 업으로 삼으면 '답' 자체에 매몰될 수 있다. 무슨 말인고 하니 이런 식이다. 전형적인 이과생 마인드의 발현이다.

'누군가에게 고민이 있다.'
'그러면 리더인 내가 고민을 풀어줘야겠다.'
'고민을 정의하고.'
'그 답을 찾아서 제시하면 되겠지?'

연구한 내용의 결과 해석을 어떻게 해야 할지 모르겠다는 질문이 있다면, 아는 선에서 답을 주거나 같이 고민하면 된다. 동료와의 갈등이 있다면 내용을 파악하고 어떻게 하면 잘 풀 수 있는지 방법을 찾아본다. 극단적으로는 조직 이동이란 답이 나올 수도 있고, 바람직하게는 서로 오해가 있었다면 대화로 이해하는 자리를 만들어낼 수 있다. 그것도 귀찮다면 너의 고민은 너의 것, 이렇게 무시하기도 한다. 실제로 그런 리더들도 있는 편이고.

구체적인 질문은 그나마 나은 편이다. 현실적인 답을 제시해줄 수 있기 때문이다. 레벨이 다른 고민에 대해서는 접근 방식이 달라야 한다. 예를 들어 연구원으로서 비전이 무엇인지 모르겠다, 또는 비전이 없어서 불안하다 같은 설문 결과가 나왔을 때, 리더가 제시하는 비전에 대한 답이 다음과 같다면 어떨까?

· 꾸준하게 자기 자리를 지키는 근면 성실한 연구자
· 회사에서 승진해서 매니저나 임원
· 열심히 연구하고 성과를 얻어 대학의 교수 되기
· 다른 회사로 이직 또는 창업

위와 같은 다양한 경로가 있으니 그중 방향을 잘 정해서 해보라는 실체가 있는 답변이다. 위의 답은 어쩐지 연차와 경력이 낮은 친구들에겐 '오, 이런 커리어 관리도 가능하겠구나!' 하는 가이드로 도움이 될 수 있다. 나처럼 오래 근무한 사람들은 이 정도 답변으로는 부족하다. 모든 사람의 눈높이와 상황에 맞는 답을 주는 것은 어렵다.

구체적인 답도 좋지만 오히려 난 "왜 사람들이 비전에 대한 고민을 하게 되었을까?"라는 근본적인 물음에 대해 관심을 가져야 한다고 생각한다. WHY로 일하라고 하면서 자꾸 HOW, WHAT에 집중한다.

우린 때때로 문제 정의를 정확하게 하지 못할 때가 있다. 표면에 드러난 몇 가지 단어나 상황에만 주목하면 그 안에 들어 있는 본질에 다가가지 못한다. 그냥 성급하게 떠오른 아이디어로 답을 내리려고 한다. 보통 자기가 만족하는 답의 그림이 그려지면 편향적인 사고는 더욱 굳어진다. 답을 냈다는 사실이나 행위 자체에 만족하게 되므로 더더욱 이면에 숨은 진짜 이야기를 들을 기회는 줄어드는 셈이다.

그래서 위에 소개된 4가지 비전의 예시에 부족함을 느낀 이유는 다음과 같다. 매니저가 되는 방향을 모르기보다는, 그 방향으로 달려갔지만 벽이 있어 막혔을 때 '비전이 없다'고 느낄 수 있음을 헤아려 달라는 것이다. 대학 교수가 되려고 논문을 쓰고 지원도 해보았지만, 막상 채용해주는 곳이 없어 앞으로 회사에선 어떻게 해야 하는지 고민이 생긴다면 어떻게 해야 할까? 주어진 일을 집중해서 하고 있지만 성과에 대한 챌린지가 있을 때마다 나의 비전에 대해 고민하게 된다. 복잡다단한 현실적 갈등과 고민의 넓이와 깊이를 단순하게 '비전'이라는 하나의 압축된 단어로 만드는 것도 좋은 답을 내는데 어려움을 주는 문제이긴 하다.

리더라면 다양한 이해관계들, 그리고 개인적인 목표와 현실 사이에서 고민이 많은 사람들을 정서적으로 잘 다독이는 노력이 더 필요하지 않을까? 개인들도 상위 리더가 해결해줄 수 없다는 것을 안다. 승진을 원한다고 다 팀장을 만들 수 없고, 다른 회사에 가고 싶다고 어디 꽂아줄 위치도 아니다. 그럼에도 위로하고 같이 생각을 나눠보는 것이 맞다. 그러면 좀 더 진실과 본질에 다가갈 기회가 있다. 정서적 지지의 힘을 보여주면 된다. 리더가 항상 명쾌한 답을 주는 길잡이가 되어야 할 이유는 없다. 뒤에서 밀어주고 정서적으로 버틸 수 있도록 믿음을 주는 그것이, 고민하는 후배와 동료들을 위한 다른 이름의 비전 제시일 것이란 생각을 해본다.

°타협해서는 안 되는 일

◇◇◇◇◇◇

얼마 전 후배 사원과 업무 이야기를 하다가 이런 말을 들었다.

"이제 저도 적응하고 있어요."

회사 일에 적응한다는 단순한 이야기가 아니었다. 어느 정도의 불합리함, 기대했던 모습과 현실 사이의 괴리에 맞춰가게 되었다는 뜻이었기에 그러면 안 되지, 이렇게 말하면서도 선배이자 동료로서 부끄러운 기분이 들었다.

이과생의 눈으로 배운 세계는 꽤 단순하다. 현상과 결과에는 타당한 논리와 이유가 있다. 비록 눈에 보이지 않는 것을 연구하는 좁은 시선이긴 했지만, 이유 없이 결과는 없고 그것을 합리적으로 설명해주는 근거와 타당성이 확보되어야 했다. 모르는 부분이나 밝히지 못한 것이 있다면 남의 생각을 빌려오거나 어느 정도 근거를 가진 상상을 통해서라도 이유가 만들어지면 되었다.

회사에 다니면서 어떤 일들은 대단히 불합리하게, 대단히 비논리적으로, 상당히 억지스럽게 결정되고 운영된다는 것을 알게 되었다. 논리의 흐름이 맞지 않으면 결과물이 틀리거나 나빠야 한다. 그럼에도 불구하고 의외로 잘 굴러가는 것을 보면 오랜 기간 학습 과정을 통해 배웠던 생각과 사고의 체계, 일하는 방식과 본질에 대한 이해와 접근이 틀릴 수도 있겠구나 하는 생각이 들게 되었다.

문제는 이게 아닌데 싶은 일임에도 구조적으로 이미 공고해져서, 나 하나의 노력만으로 판을 뒤집고 새롭게 출발하기 어려운 상황이 지속된다는 것에 있다. 그것을 인정하고 받아들이는 것이란 앞선 동료의 말마따나 '적응해가는 과정'일지 모른다. 이성적인 과학적 판단 대신, 조직의 상황 논리를 인정하는 것 말이다. 마음을 다치지 않으려는 생각에 아주 크게 내 가치관과 충돌하지 않는 선에서 타협점을 찾아가야만 한다. 판단과 결정에 대한 기준의 영점 조정을 해나가는 것, 그걸 다른 말로는 익숙해진다고 한다.

익숙해지면 빠지게 되는 함정이 있다.

·이 정도면 됐지.

·이 정도로 끝내면 그만이지.

·그냥 여기서는 이게 최선이지.

·원래 그런 거야.

적당한 타협점을 찾으면 세상 쉬운 것이 회사 일이지 싶다. 치열하게 고민한다고 해도 태생적인 구조의 결함을 가진 경우엔 혼자서 해결할 답이 없다. 회사의 전략적 결정은 이해하고 받아들이는 것이 맘 편하다. 그러나 '연구'의 특정한 부분으로 관점을 좁혔을 때 절대 타협해서는 안 될 일들이 분명히 존재한다. 그걸 지나치게 인정하는 것은 지양해야 할 일이다.

한 동료는 '우리는 솔루션을 찾아주는 사람들이니까요'라고 말했다. 그래, 연구자로서 할 일은 문제를 내기보다는 주어진 문제의 해결책, 솔루션을 찾는 것이 맞다. 그런데 남들 모르게 혼자만 아는 솔루션이 되어서는 안 된다. 정직과 정확함은 반드시 필요하다. 자신과의 타협이든, 조직 간의 약속이든 상황 논리 따위(이미 정해진 일정이라던가, 위에서 시킨 일 같은 것)로 적당한 선에서 합의가 되었던 일들은 "결국 언젠가 다시 돌아온다." 명분을 찾아 구렁이 담 넘어가듯 하지 말지어다. 당사자가 자기가 아니라면 후배에게 부메랑이 되어 돌아와 그를 힘들게 할 것임이 분명하다. 힘들지만 더 높은 가능성에 베팅하고 실제로 이뤄낼 수 있도록 노력하는 것의 의미는, 어쩌면 자신을 정당화할 명분과 이유를 찾아 쉽게 솔루션을 내지 말라는 이유이기도 하다.

°맺고 끝냄이 필요한 시간

◇◇◇◇◇◇

나는 일의 시작부터 참여하여 중간 과정에서 의논하고, 마지막에도 한 자락 숟가락을 얹는다. 특히 잘 마무리하도록 만드는 작업에는 신경을 많이 쓴다. 시작에는 끝이 있고, 선발 투수가 있으면 마무리 투수가 있듯이 크든 작든 문을 열고 들어간 업무는 어떻게든 문을 닫아줘야 한다. 야구에서 마무리 투수는 자기 기량으로 상대편 타자를 압도하고 공격을 막으면 되지만, 회사의 마무리 투수는 적당한 선에서 종료 버튼을 누르자고 설득하는 자세도 필요하다. 적당한 때에 마무리하지 못한 채 붕 뜬 프로젝트들, 이러지도 저러지도 못하는 개인의 업무를 너무나 많이 보았다. 예전에 괜찮은 테마의 연구가 흐지부지되는 걸 보고 아까워한 적도 있다. 끝내자고 설득해도 미련인지 자존심인지 모를 꼬리표를 달고 다니는 과제를 보면 안타까울 따름이다(알아서 할 테니 그냥 두라는 말은 왜 하는 걸까?).

의사결정의 마일스톤 설정

Rule No. 1. 적절한 지점에 도착하면 판단해야 한다. 이 길로 갈지, 저 길로 갈지, 아니면 멈출지 결정한다. 좋은 게 좋은 거라는 업무는 없다. 프로젝트나 업무를 진행하는 흐름을 만들어라. Flow Chart에는 〈만약 ~라면〉 하는 세모 모양의 도형이 있다. 중요한 지점에 이 도형을 놓는다. 도형 안에는 질문이 있다. 수율은 좋은가? 단가 기준은 통과했나? 효능은 확보되었나? 일정한 시기가 되거나 중간 결과를 얻으면 예/아니요(go/stop) 중에서 하나의 답을 선택해야 한다. 물론 결과를 판단하려면 충분한 실험과 데이터, 수치가 필요하다.

의사결정의 질문을 정하지 않으면 언제까지 계속 해야 할지, 방향이 맞는지 판단하는 데 어려움이 생긴다. 그러므로 좋은 질문을 해야 한다. 뻔한 거 말고 판단에 필요한 질문 말이다. 개발을 염두에 둔 경우라면 판단 근거와 통과 기준을 살짝 다르게 두기도 한다. 시장 상황은 바뀌므로 그때는 맞았으나 지금은 틀린 것도 있다. 현실과 타협해야 하는 것이다.

연구와 개발을 하나의 몸처럼 묶어서 생각하고, 연구 내용이 개발로 연결되기를 이상적으로 바라지만 실상은 다르다. 연구는 연구로 묻히기도 하고 개발은 연구와 상관없이 진행될 때가 많다. 연구 무용론이 펼쳐지는 이유도 여기 있다. 나쁘게 쓰일 목적이 아니라면 세상 모든 연구는 가치 있다고 생각하지만, '그래서 회사에 기여한 게 뭔데?'라는 다소 공격적인 질문에 당당하게 답하기 어려운 적도 많았다. 개발자도 비슷한 압박이 있겠지만 그래도 프로덕트라는 현물이 있다. 연구는 실체 없는 눈속임처럼 보이고 자기만족, 정신 승리 이상의 가치를 찾기 어려운 종목으로 전락하기도 한다. 그렇기 때문에 더더욱 의사결정의 과정은 중요하다.

필요한 건 끝내는 것

정해진 기간 안에 원하는 목표를 얻지 못했을 때의 좌절감은 크다. 그래도 우리는 마무리를 해야 한다. 마무리를 잘하기 위한 노하우는 첫째 일의 본질을 다시 따져보는 것이다. 열심히 하다 보면 왜 했는지 모르는 경우가 있다(진짜로). 필요하니까 한 건 맞다. 그런데 왜 필요했는지 깊이 질문을 하고 답을 찾아가다 보면 '개인의 관심사'였거나, '있으면 좋을 것 같다'라는 당위성의 수준이 비즈니스의 핵심과 가끔 동떨어지기도 한다. 그런 일이라면 잔인하지만 당장 끊어버리는 용기와 결단이 요구된다. 그동안 들어간 시간과 자원이 아깝지만 어쩌겠나.

두 번째 필요한 건 욕먹을 각오이다. 미련이 남는다. 조금만 더 하면 될 것 같은데, 추가로 하나만 더 하면 데이터가 달라질 텐데. 귀가 얇아서 이리저리 우르르 몰려다니게, 아니 끌려다니게 되는 과제를 본다. 좋은 말 다 듣고 반영하면 언제 목적지에 도착하겠는가. 동료 중에 아주 단호하게 이건 아닙니다, 하고 멋지게 끊어내는 모습을 본 적 있다. 당분간 왜 그랬냐고 주변에서 말은 많겠지만 필요하다면 욕 좀 먹어도 된다.

　그리고 또 하나, 어쨌든 마무리를 하기로 결정한 이상 적절한 정보를 효과적으로 제공하는 것이 필요하다. 누구에게? 마무리를 허락하는 권한을 가진 사람에게. 대부분은 전결권을 가진 사람이나 상사일 것이다. 결재를 올렸다가 의외의 질문을 받을 때가 있었다. 매번 결재자들을 만나 일일이 설명할 수는 없다. 나는 주로 결재 의견을 적극적으로 활용하는 편이다. '이런 걸 하려고 했는데 결과는 이렇다. 알아보니 대안이 있다. 이건 한계가 있으니 요 정도에서 마무리하자.' 등등. 이런 정도의 메모만 언급해 두어도 최종 결재자는 그렇군, 하고 이해해주었다. 물론 꼭 대면 보고가 필요한 일도 있지만 그런 건 손에 꼽으니 예외적 상황으로 하자.

투명한 기준의 필요성

　중간 관리자로서 일을 맺고 끊을 수 있는 용기와 결단력은 중요한 덕목이다. 담당자들만큼이나 최종 관리자들도 의외로 단호하지 못한 면을 보일 때가 있다. Good guy가 되고 싶어서 그런 걸까 싶지만 실망스러운 면이 있는 건 사실이다. 결정하라고 있는 자리에서 자기 역할을 못 하는 것이니 그렇다.

　좋은 방법은 규칙을 만들고 지키면 되는 것이다. 규칙은 지켜야 하고, 그러면 예측 가능해진다. '내 마음 나도 몰라~'라는 노래 가사는 무의미하다. 마음 가는 대로 그날의 기분에 따라 정하면 안 된다. 높은 분의 마음에 따라 오늘은 해도 되고 내일은 안 되는 식은 곤란하다. 명문화된 기준을 설정하고 동료들과 그 약속을 지키면 그것으로 충분하다.

그럴 수 있는 판단이 어렵다면 시간과 경험을 쌓기 바란다. 데이터가 쌓이면 케이스별로 정리하여 카테고리화하는 것도 좋다. 그러면 구조화된 판단이 가능해지기 때문이다. 무엇보다 동료들, 같이 일하는 사람들과 기준을 공유하자. 누구나 알 수 있게 투명한 기준이 설정된다면 합의점을 찾는 것이 수월해질 것이다.

°당신의 경력이 곧 컨텐츠입니다.

◇◇◇◇◇◇

"너는 특별함이 없지 않아?"

책을 낸다고 했을 때 들었던 지인들의 반응 중 하나였다. 그 말이 틀리지 않다. 내 삶은 너무나 평탄했다. 학교생활도, 회사 생활도 특별한 굴곡이 없었다. 타고난 범생이라서 규칙을 어긋난 삶을 살아오지 않았다. 그런 사람이 책을 낸다니 대체 저 인간이 무슨 글을 쓸 수 있었을지! 오래 알고 지낸 지인의 반문은 너무나 당연했다. 심지어 저자인 나도 가끔 어쩌다 작가가 되었나 싶다.

콘텐츠를 하나씩 만들어내는 것과 그걸 묶어서 하나의 제품으로 시장에서 판매하는 것은 완전히 다른 일이다. 브런치에 글을 쓰는 행위와 책이라는 상품은 비슷한 듯 다른 독자군을 대상으로 하고, 그 반응 역시 다르다. 다른 세상이 열린다. 책을 내자고 했을 때 이게 책이될까 하는 의구심을 가장 먼저 가진 것은 바로 나였다.

'왜?'

내 삶은 특별할 것이 없다고 생각해왔으니까. 직장 생활을 남들보다 훨씬 더 길게 한 것도 아니고, 높은 자리에 오른 것도 아니고, 경력이 화려해서 다양한 이야기를 풀 수 있는 것도 아니라고 생각했다.

회사 안에서 통용되는 말 중에 '엣지(edge)가 있냐 없냐'라는 것이 있다. Edge란 사전적으로 모서리나 말단을 뜻하지만 회사에서 쓰는 의미는 조금 다르다. 시장에서 돋보이는 제품이 되려면 비슷한 기술이나 제품들 사이에서 유사한 것들과 비교되는 특별함이 있어야 한다. 특별한 차이에서 오는 우리 제품만의 특징이나 가치를 보통 '엣지'라고 부른다. 그래야 내 것을 차별화하고 마케팅이나 영업에 사용할 수 있다는 의미이다. 평범한 삶을 살아온 내 이야기의 엣지는 어디에 있었을까?

출판 경험을 해보니 반드시 삶에, 업적에 특별함이 있어야만 글을 쓰고 책을 만들 수 있지는 않았다. 이전에 출간한 책에 대한 몇 개 안 되는 리뷰 중에 책의 가치를 내 생각보다 더 높여준 평이 있다.

여러 자기계발 도서들의 훈계질에 지친 요즘, 가만히 자기 이야기를 들려주는 이 책이 무척이나 반갑다.

그렇다. 뾰족함이 있어야 살아남을 수 있는 시대이기에 갈수록 더 강하고 날카로운 대안과 행동을 제시한다. 이런 접근 대신 반대급부로 일상과 평범의 가치가 반사 이익을 얻는 경우도 있다. 보통 사람의 이야기, 남들이 궁금해하는 것을 잔잔하게 들려주는 것도 콘텐츠로서 충분히 가치가 있다. 한 회사를 오랫동안 다니는 것도 능력이고, 여러 회사를 옮기며 경험하는 다양한 세계도 소중하다. 나에겐 평범한 일상이 누군가에겐 평생 들여다보지 못할 미지의 세계이다. 당신의 경력 하나하나 소중한 콘텐츠의 씨앗이다. 유튜버인 N잡러 허대리는 이렇게 말한다.

"일반인이 해결하고자 하는 어떤 니즈를 해결해줄 수 있는 내용이 있다면 그것으로도 충분히 가치 있는 콘텐츠를 생산하고 판매할 수 있다."

콘텐츠 생산을 한 번이라도 해보면 생각보다 어렵지 않다. 막연한 상황이 어려울 뿐이다. 안 해봐서 모르는 경우가 많다. 대단한 전문가가 아니라도 우리는 서로 필요한 것을 나누고 가르쳐줄 수 있다. 비슷한 직종과 경력에서는 일상적이고 평범한 경험이, 아직 체험해보지 못한 누군가에게는 미래의 직업과 경력을 고민하고 선택하는 데 도움이 된다. 그러므로 뜻이 있다면 지금이라도 무언가 기록을 남기기 시작하자.

내 책을 보고 브런치 작가로 활동을 시작한 분의 감사한 말씀을 끝으로 이 이야기를 마친다.

내가 다시 결심한 것은 최근에 읽기 시작한 책 때문이다. 『나는 연구하는 회사원입니다』라는 제목의 책은 나처럼 학위를 마치고 회사에서 십수 년간 근무하신 분이 회사 생활에서 느끼고 고민했던 부분들을 기록한 내용이다. 그 글을 읽고 공감하고 배우는 부분들이 많아 나에게 또다시 도전의식을 갖게 했다. (박군의 탐구생활)

나가며

°두 권의 책이 남긴 것

◇◇◇◇◇◇

마흔이 되었을 때, 욕심 많은 10년 차에 들어선 직장인이었다. 인정받고 싶었다. 생각할 것도, 하고 싶은 일도 많았다. 회사 생활은 비슷한 일의 반복이었음에도 이상하게 매일 매일 모든 순간이 도전의 연속이었다. 영화배우 찰리 채플린의 말마따나 인생은 가까이서 보면 비극처럼 보인다. 마음속에 차오르는 많은 고민과 갈등의 순간을 누구에게 털어놓고 싶었다. 그때 브런치라는 플랫폼을 만났다. 온라인에 익명성을 바탕으로 자유롭게 글을 쓸 수 있다니 그야말로 해방구나 다름없었다. 글을 쓰는 행위에 집중할 수 있다는 것이 좋았다. 새로운 플랫폼에 애착을 가지게 된 후, 지금까지 8년이라는 시간 동안 꾸준히 글을 써오고 있다.

책을 낸다는 건 어떤 의미가 있을까? 누군가에겐 평생의 소원일 수도 있고 누군가에겐 밥벌이 수단이다. 또 다른 누구는 자기만족으로, 어떤 누구는 공명심의 표현을 위한 매개체가 되기도 한다. 매일 출간

되는 책이 200여 권 가까이 된다는데 평생 책을 쓸 기회가 없는 사람이 훨씬 더 많다. 그냥 하는 말이 아니라, 정말 어쩌다 보니 책을 두 권이나 출판하게 되었다. 솔직히 '부족한 글'이란 표현을 별로 좋아하지 않는다. 지나치게 겸손하려 하거나 자기 결과물에 대해 자신 없어 보이는 기분이다. 하지만 막상 책을 낼 즈음엔 이만한 표현이 없다. 부족한 글을 두 번이나 출판물로 만드는 기회를 주신 대표님에게 정말 감사한 마음이다.

첫 번째 이야기는 연구직 회사원으로서 매듭을 지어주었다. 두 번째는 마흔의 고민과 인생을 정리하게 도와주었다. 책을 내는 기분을 누가 묻는다면 '나를 덜어내는 것 같다'고 말해주고 싶다. 비문학 에세이, 자기계발 장르의 서적은 결국 글을 쓰는 당사자 중심으로 시작된 이야기이다. 그것이 문자로, 문단으로, 하나의 글로 완성된다는 것은, 성장하고 좌절하고 기뻐하고 슬퍼했던 한 사람의 인생 일부를 정돈해 놓는 것과 같다. 남 앞에 굳이 드러내놓고 싶지 않던, 또는 그럴 필요가 없던 일들마저도 글이라는 매개를 통해 고백하다 보면 – 그리고 그것이 쌓이면 – 삶이 자연스럽게 정리정돈되는 효과를 갖는 것이다. 나에게 있어 책은, 거스를 수 없는 인생의 강물을 건너는 데 도움을 준 돌다리와 같다.

덜어내고 나니 어딘가 휑한 기분이 있다. 살아오면서 제일 많은 것을 이루고 애썼던 시간들을 글로 써버렸으니 앞으로 더 책을 쓸 수 있을 것 같은 생각이 들지 않는다. 앞으로 무엇을 새롭게 발견하고 생각을 다듬어낼 기회 요소가 있을까? 삶은 내 의지대로 흐르지 않기 때문에 예측할 수 없는 일들이 더 많이 벌어지겠지만 당분간은 무언가 허전할 것 같은 마음을 지울 수 없다.

요즘 마흔

초판 1쇄 발행 2023년 8월 15일

지은이 나용주
펴낸이 곽유찬

이 책은 **편집 강윤희 님, 표지디자인 장상호 님,**
본문디자인 손승겸 님과 함께 진심을 다해 만들었습니다.

펴낸곳 레인북
출판등록 2019년 5월 14일 제 2019-000046호
주소 서울시 서대문구 홍은중앙로3길 9 102-1101호
이메일 lanebook@naver.com

인쇄·제본 (주)상지사

ISBN 979-11-93265-00-0 (03190)